“十三五”职业教育国家规划教材

现代职业人教育丛书

微课版

现代职业人就业指导篇

XIANDAI ZHIYEREN JIUYE ZHIDAO PIAN

（第三版）

霍彧 主编

苏州大学出版社

图书在版编目(CIP)数据

现代职业人. 就业指导篇 / 霍彧主编. --3 版. --
苏州: 苏州大学出版社, 2023.6 (2024.1重印)
(现代职业人教育丛书)
ISBN 978-7-5672-4346-0

Ⅰ. ①现… Ⅱ. ①霍… Ⅲ. ①职业选择-高等职业教育-教材 Ⅳ. ①G717.38

中国国家版本馆 CIP 数据核字(2023)第 068614 号

现代职业人 · 就业指导篇

(第三版)

霍 彧 主编

责任编辑 周建兰

苏州大学出版社出版发行
(地址:苏州市十梓街 1 号 邮编:215006)
苏州市深广印刷有限公司印装
(地址:苏州市高新区浒关工业园青花路 6 号 2 号楼 邮编:215151)

开本 787 mm×1 092 mm 1/16 印张 11 字数 216 千
2023 年 6 月第 3 版 2024 年 1 月第 2 次印刷
ISBN 978-7-5672-4346-0 定价:35.00 元

图书若有印装错误,本社负责调换
苏州大学出版社营销部 电话:0512-67481020
苏州大学出版社网址 http://www.sudapress.com
苏州大学出版社邮箱 sdcbs@suda.edu.cn

前言

PREFACE

“现代职业人教育丛书”共有五个分册，分别为认识职场篇、能力素质篇、就业指导篇、创新创业篇、职业素质训练教程，内容涉及现代职业人理念、企业文化理论与企业规范、能力素质结构理论与职业核心能力、企业现场5S管理模式与职业素质养成、职业生涯规划与就业指导以及创新创业理论与方法指导。这些知识与技能的有效整合，可以使大学生们能够在今后充满竞争的职场环境中脱颖而出，取得骄人的成绩。

本教材通过理论教学与案例分析相结合的方式，阐述了如何立足职场、纵横职场、成就职场的路径与方法，并试图激励学生不遗余力地去成为一个现代职业人，成就属于自己的辉煌人生！

对于一个热爱教育的人来讲，最渴望的就是能把自己的想法与经验分享给自己的学生，帮助他们成长。2001年秋，太仓“德国企业技术工人培训中心”第一次开除学生，理由就是“走路脚跟拖地，没有激情，将来不可能为企业创造太大价值”，这一事件极大地震撼了我。经过多次与德国企业人士的访谈，反复思考，我向全体学生提出了要成为具有较高职业素养的“现代职业人”（Modern Business Employee）这一目标。2010年8月，我在国内率先成立了职业素质教育中心，建设职业素质教育体系，以切实推动学生的职业素质培养工作，努力培养好现代职业人。2013年11月，经过多次讨论，我们把“让每一个学生成为幸福的现代职业人”作为学院的办学导向之一而固化下来。

在长达十几年的时间里，我面向学生，先后举办了几十次讲座。这些讲座深得学生的喜爱，在校内外反响很大，而这期间撰写的讲稿也就自然成了“现代职业人教育丛书”的基础。我带领学院的辅导员团队开始了“现代职业人”课程建设，在大家的努力下，不断增减、修改、补充，终于形成了“现代职业人教育丛书”。该套教材吸收了最新研究成果，观点新颖，案例翔实，文笔活泼，具有较强的可读性。由于我长期在高职院校工作，教材中的案例选用以高职学生为主，但教材的目标读者不局限于高职学生，因为“现代职业人”这个理念适合于所有将要走进职场、走上工作岗位的大学生。

为使广大师生更方便地使用教材，本套书提供了相关视频教学资料。

本教材由“现代职业人教育丛书”编委会统一组织编写，由霍彧担任主编，由王钰岚、王玉、吕建永担任副主编。

本套教材即将面世之际，我们要感谢直接和间接为本教材贡献重要观点、实践经验的所有企业家、同事、朋友及学生；感谢责任编辑周建兰女士，她尽职尽责、热情联络、严谨审稿、及时反馈，在整个过程中给予我们极大的支持；也要感谢我们的家人，在编写本套教材过程中，一直理解、支持和鼓励我们。

目录

CONTENTS

第一讲　职业目标与锚定 …… 1

1.1　大学生的就业形势 …… 1

1.2　产业、行业与职业 …… 4

1.3　高职生的职业目标 …… 11

第二讲　专业与职业选择 …… 22

2.1　职业真相 …… 22

2.2　专业、职业与行业 …… 29

2.3　薪资、雇主与组织文化 …… 33

第三讲　求职策略与指导 …… 41

3.1　求职策略 …… 41

3.2　求职成本与现实问题 …… 51

3.3　求职简历 …… 56

第四讲　应聘通关与技巧 …… 68

4.1　笔试通关 …… 68

4.2　面试通关 …… 72

4.3　面试之后 …… 84

第五讲　面试实战与训练 …… 88

5.1　企业面试攻略 …… 88

5.2　企业面试实战案例 …… 93

5.3　企业典型职位面试实录 …… 105

第六讲　就业法规与维权 …………………………………………… 111
6.1　毕业前你该做些什么…………………………………………… 111
6.2　警惕“求职陷阱” …………………………………………… 114
6.3　就业协议与劳动合同…………………………………………… 119
6.4　违约责任与劳动争议…………………………………………… 122
6.5　不容忽视的“五险一金” …………………………………… 127
第七讲　职场适应与发展 …………………………………………… 129
7.1　进入职场…………………………………………………………… 129
7.2　适应职场…………………………………………………………… 135
7.3　职场发展…………………………………………………………… 139
第八讲　职场心态与调适 …………………………………………… 152
8.1　就业心态…………………………………………………………… 152
8.2　职场压力…………………………………………………………… 156
8.3　职场情绪…………………………………………………………… 162
8.4　职场心态调整方法……………………………………………… 166

第一讲 职业目标与锚定

“子在川上曰：‘逝者如斯夫，不舍昼夜。’”三年的大学生活转瞬即逝，红花绿树、欢声笑语都将成为记忆中的美丽画面；名人名言、知识广角，已然成为自己身上抹不去的印记。抢占高地、纵横职场的愿望让同学们都摩拳擦掌、跃跃欲试了。眼看着同桌已经在精心做着就业准备，那么你呢？守株待兔、痴痴地等待机会，只能浪费许多日子；积极准备、迅速行动，才会创造出许多意想不到的机会。

1.1 大学生的就业形势

奋勇搏杀、不怕牺牲固然是赢得战争的重要条件，但运筹帷幄、审时度势却是打赢任何一场战争最重要的前提。所以，即将加入毕业生大军中的你，也许在心中早已勾画好了未来。然而，你是否知道现实中自己将要面临的是何等严峻的求职考验？就业的竞争对手、身处的竞争环境、自身的优势劣势等，都是你需要详尽了解的情况。因此，就业前必须做好充分的规划和准备，否则，你想成功跨越的就业难关就会变得困难重重。

麦可思每年发布的《大学生就业蓝皮书》中显示，2018 届毕业生人数为 753.31 万人，2019 年毕业生人数为 834 万人，2020 届毕业生人数为 874 万人，2021 届毕业生人数为 909 万人，2022 届毕业生人数达 1 076 万人，毕业生人数持续创新高。面对这令人瞠目的数字，作为其中之一的求职者，你是满怀信心，还是心存胆怯？

麦克思研究院发布的《中国大学生就业报告》显示，最近几届大学毕业生毕业半年后的就业率稳定在 90% 左右，虽然总体就业率稳定，但就业人数巨大，每年还是有几十万到一百万大学生半年内未找到工作，加上往届的毕业生，未就业人数总量更为巨大。

面对这样严峻的就业形势，同学们扪心自问：我是否已经做好了求职的准备？我是否真的清楚自己的竞争优势和职业目标？

延伸阅读

江苏省2022届高校毕业生超过66万人 创历史新高

2022年5月13日，国务院办公厅印发《关于进一步做好高校毕业生等青年就业创业工作的通知》（国办发〔2022〕13号），把高校毕业生等青年就业作为就业工作重中之重。江苏2022届高校毕业生超过66万人，比2021年增加近5万人，创历史新高。当前校园线下“春招”受限，一些考试和招录推迟，各地毕业生就业工作受到不同程度的影响。毕业季即将来临，相关部门和单位是如何直面挑战，护航毕业生就业的呢？

一、阵地前移，为企业和毕业生牵线搭桥

距离毕业还有近一个月，某校工程造价管理专业大四学生沈某手里已经有了录用通知，但她想以此为保底，再“冲一冲”。“之前基本都在网上面试，企业和学生之间缺少连接感。岗位合不合适，心里还没底。”随着疫情防控形势相对平稳，2022年5月16日，沈某申请出校面试，寻找更好的机会。

江苏省专门召开会议，要求人社和教育部门把促进高校毕业生就业作为重中之重，毕业生离校前，要深入推进公共就业服务进校园，办好各类招聘活动，送政策、送信息、送服务，不断“前移”服务阵地。

疫情期间，人员流动受到限制，局部地区取消线下求职招聘，劳动者求职和企业招聘渠道大幅收窄。2022年4月，全省各级公共就业服务机构进场求职人数、提供招聘岗位数同比下降。即使线上应聘成功，员工也难以及时到岗，造成无业人员“就业难”和缺工企业“招工难”的现象并存。

中国国际技术智力合作公司（简称中智）江苏总经理助理介绍，他们积极链接“政—校—企”，2022年1月至4月共组织25场网络招聘会、两场线下招聘会，涉及134家企业、993个岗位、3 000多名高校毕业生参加，200多名高校毕业生成功就业。疫情之下，“企业进不来、学生出不去”，“云招聘”成主流。该经理告诉记者，他们开发的“赛码网”在线考试平台，近期完成1 503名考生同时在线考试。平台最多可保障10万人在线考试，具备七大防作弊功能，让线上考试也能公平公正。

“办法总比困难多。”南京市劳动就业服务管理中心主任向记者细数了近期的线下面试成果：2022 年 5 月 7 日，组织线下“隔屏面试”，创造企业和毕业生“面对面”交流机会；5 月 10 日，举办 2022 年疫情发生以来的首场线下校园招聘会，50 家企业提供对口岗位 1 200 多个，还首次将“面试大巴”开进高校，提高签约成功率。

二、稳岗蓄水，从根本上缓解就业难

岗位“开源”才能从根本上缓解就业难。记者从江苏省工业和信息化厅了解到，“中小企业网上百日招聘毕业生”启动后，已有近千家企业提供 3.3 万个就业岗位。江苏省人大常委会还修订出台《江苏省中小企业促进条例》（江苏省第十三届人民代表大会常务委员会第二十五次会议于 2021 年 9 月 29 日修订通过，自 2022 年 1 月 1 日起施行），相关部门制定《江苏省贯彻落实〈保障中小企业款项支付条例〉实施方案》，推动惠企政策落地见效。“531 产业链递进培育工程”“百企引航”“千企升级”等计划的陆续实施，促进全省新增国家制造业单项冠军 34 家、国家专精特新“小巨人”企业 172 家。这些举措为从源头上缓解就业难提供了“蓄水池”。

针对当前复杂严峻的就业形势，江苏省加快落实“苏政 40 条”“苏政办 22 条”“人社助企纾困 12 条”等政策措施，全力援企稳岗。南通市出台进一步提升青年和人才友好型城市发展指数的若干政策，减轻企业用工压力，对企业新招全日制技工院校高级工班和技工院校预备技师、技师班毕业生，连续 3 年给予薪酬补贴。

随着经济转型升级的加快，中小微企业和基层对高校毕业生的需求量越来越大。各地有针对性地出台社保补贴、培训补贴、学费代偿、考研加分等系列政策，鼓励毕业生到中小微企业和基层就业。南京市为鼓励用人单位吸纳高校毕业生，对新招用毕业 1 年内的高校毕业生并签订 1 年以上劳动合同的中小微企业，按 2 000 元/人给予一次性补贴。

2022 年以来，江苏省累计向吸纳高校毕业生就业和就业困难人员的用人单位发放社保补贴 4 471.29 万元、公益性岗位补贴 9 673.39 万元；为 2.14 万创业主体提供富民创业担保贷款 35.63 亿元，“苏岗贷”试点政策迅速落地，已向 37 家中小微民营企业精准投放 2.07 亿元信贷资金。

创业具有带动就业的倍增效应。据测算，在江苏省，平均 1 人创业可带动 4 人就业。2022 年 4 月份，江苏省及时启动大学生优秀创业项目申报，获选项目最高可获 10 万元补助。

就业岗位开发受限，很多企业开始在录用上向应届毕业生倾斜。中智江苏将基层工作岗位向应届毕业生敞开，同时增加应届毕业生实习岗位，对实习期间表现优异的应届毕业生提前确认录用意向。

三、深挖潜力，促进新兴产业吸纳就业

江苏省人才市场副总经理介绍，近年来，数字经济蓬勃发展，数字经济及其关联领域提供的就业岗位占比近1/3，呈现就业容量大、专业覆盖广、人才需求旺、岗位品质高的特征。新兴数字经济产业成为毕业生新晋的心仪就业领域。2022年2月的一项行业调查显示，信息传输业、软件和信息服务业、商务服务业等领域成“香饽饽”，超过65%的高校毕业生愿意到新兴产业就业。

南京某大学学工处副处长告诉记者，在校园招聘会现场，学校会多做一步——在企业名称后备注国企、行业头部企业、500强企业等信息。“细化招聘工作，有助于提升面试签约效率。”他观察发现，2022年不少企业招聘更有针对性，新一代信息技术、智能制造、数字金融等行业纷纷设立招聘专区。该副处长告诉记者，学校专门打造面试间，满足学生“一人一室”的面试要求。同时请毕业论文指导老师重点关注毕业生心理健康状态，及时帮助毕业生解答招聘求职过程中遇到的问题。

针对集成电路领域、汽车产业、邮政快递业等吸纳就业量大的企业，教育部门还分别举办专场招聘会。教育部通过国家24365大学生就业服务平台，面向2022届毕业生汇集了380多万个岗位信息。

对于暂时难以就业的毕业生，江苏省建立离校未就业高校毕业生就业帮扶制度，跟进落实“一对一”实名帮扶，确保服务不断线。扬州市实现离校未就业高校毕业生实名制调查登记“全覆盖”；徐州市持续开展“百企名校行”活动，依托全省领先的农村劳动力实名制数据库，开发公益性岗位，促进高校毕业生就业，目前安置就业困难人员数量居江苏省前列。

1.2 产业、行业与职业

案例分析

以下是一个学生向职业指导师咨询时的自述。

我读大二，专业是食品营养学。我不喜欢做实验，所以不喜欢这个专业，一想到整天做实验，心里就不舒服。我想当新闻记者，觉得语言文字类的工作比较适合我，做起来特别有激情。我虽然有当新闻记者的想法，却没有具体的计划，新闻行业的就业形势也不乐观。我不知道如何是好，总觉得继续学习本专业实在是浪费时间，我该怎么办?

分析：一个人能够从事自己感兴趣的职业是人生的一大幸事，然而现实往往并非如此。面对自己不感兴趣甚至极度厌恶的专业，很多学生厌学，甚至有强烈的退学的念头，面对就业压力更是紧张惶恐。我们建议：一方面认真学习，获得学位；

另一方面在保证完成学业的前提下，按照自己的目标职业或者劳动力市场的要求建立自我学习系统，培养个人能力。其中，分析职业岗位所需知识与技能，把握职业未来发展趋势是合理定位的关键。

在社会历史发展进程中，职业在不断变化发展，了解产业、行业以及就业岗位的发展，有助于树立正确的就业意识和择业观念，合理规划职业生涯。

1.2.1 产业

产业是指具有某种同类属性的经济活动的集合或系统。在传统理论中，产业主要指经济社会的物质生产部门，一般而言，每个部门都专门生产和制造某种独立的产品，某种意义上每个部门也就成为一个相对独立的产业部门，如“农业”“工业”“交通运输业”等。

在经济研究和经济管理中，经常使用的分类方法主要有两大领域、两大部分分类法，三次产业分类法，资源密集度分类法和国际标准产业分类法。

一、两大领域、两大部分分类法

这种分类法是按生产活动的性质及其产品属性对产业进行分类的。按生产活动的性质，把产业部门分为物质资料生产部门和非物质资料生产部门两大领域。前者是指从事物质资料生产并创造物质产品的部门，包括农业、工业、建筑业、运输邮电业、商业等；后者是指不从事物质资料生产而只提供非物质性质服务的部门，包括科学、文化、教育、卫生、金融、保险、咨询等部门。

二、三次产业分类法

这种分类法是根据社会生产活动历史发展的顺序对产业进行分类的。产品直接取自自然界的部门称为第一产业，对初级产品进行再加工的部门称为第二产业，为生产和消费提供各种服务的部门称为第三产业。这种分类方法成为世界上较为通用的产业结构分类方法。

我国的三次产业划分如下：

第一产业：农业（包括种植业、林业、牧业和渔业）。

第二产业：工业（包括采掘业、制造业，电力、燃气、水的生产和供应业）和建筑业。

第三产业：除第一、第二产业以外的其他各业。根据我国的实际情况，第三产业可分为两大部分：一是流通部门，二是服务部门。

具体可分为四个层次：

第一层次：流通部门，包括交通运输、仓储及邮电通信业，批发和零售贸易业，餐饮业。

第二层次：生产和生活服务的部门，包括金融业，保险业，地质勘查业，水利管理业，房地产业，社会服务业，农、林、牧、渔服务业，交通运输辅助业，综合技术服务业，等等。

第三层次：为提高科学文化水平和居民素质服务的部门，包括教育、文化艺术和广播电影电视业，卫生、体育和社会福利业，科学研究业，等等。

第四层次：为社会公共需要服务的部门，包括国家机关、党政机关、社会团体，以及军队、警察等。

三、资源密集度分类法

这种产业分类方法是按照各产业所投入的、占主要地位的资源来划分的。根据劳动力、资本和技术三种生产要素在各产业中的相对密集度，把产业划分为劳动密集型产业、资本密集型产业和技术密集型产业。

1．劳动密集型产业

劳动密集型产业是指进行生产主要依靠大量劳动力而对技术和设备的依赖程度低的产业。其衡量的标准是在生产成本中工资与设备折旧、研究开发支出相比所占比重较大。一般来说，目前劳动密集型产业主要指农业、林业、纺织业，以及玩具、皮革、家具等制造业。

2．资本密集型产业

资本密集型产业是指在单位产品成本中，资本成本与劳动成本相比所占比重较大，每个劳动者所占用的固定资本和流动资本金额较高的产业。当前，资本密集型产业主要指钢铁业、一般电子与通信设备制造业、运输设备制造业、石油化工业、重型机械工业、电力工业等。资本密集型产业主要分布在基础工业和重加工业，一般被视为发展国民经济、实现工业化的重要基础。

3．技术密集型产业

技术密集型产业是指在生产过程中，对技术和智力要素依赖大大超过对其他生产要素依赖的产业。目前，技术密集型产业包括微电子与信息产品制造业、航空航天工业、原子能工业、现代制药工业、新材料工业等。

当前以微电子、信息产品制造业为代表的技术密集型产业正迅猛发展，成为带动发达国家经济增长的主导产业。因此可以说，技术密集型产业的发展水平将决定一个国家的竞争力和经济增长的前景。

四、国际标准产业分类法

为使不同国家的统计数据具有可比性，联合国颁布了《所有经济活动的国际标准行业分类》（ISIC）。现在通行的是2009年第4次修订的版本。这套《所有经济活动的国际标准行业分类》分为 A ~ U 共 21 个门类。这 21 个门类分别为 A——农业、林业及渔业；B——采矿和采石；C——制造业；D——电、煤气、蒸气和空调的供应；E——供水；污水处理、废物管理和补救活动；F——建筑业；G——批发和零售业，汽车和摩托车的修理；H——运输和储存；I——食宿服务活动；J——信息和通信；K——金融和保险活动；L——房地产活动；M——专业、科学和技术活动；N——行政和辅助活动；O——公共管理与国防，强制性社会保障；P——教育；Q——人体健康和社会工作活动；R——艺术、娱乐和文娱活动；S——其他服务活动；T——家庭作为雇主的活动，家庭自用、未加区分的物品生产和服务活动；U——国际组织和机构的活动。

1.2.2 行业

行业是指从事国民经济中同性质的生产或其他经济社会的经营单位或者个体的组织结构体系的详细划分，如林业、汽车业、银行业等。

行业的发展必然遵循由低级的自然资源掠夺性开采利用和低级的人工劳务输出逐步转向规模经济、科技密集型、金融密集型、人才密集型、知识经济型方向发展，从输出自然资源逐步转向输出工业产品、知识产权、高科技人才等。

根据发布的《国民经济行业分类》（GB/T 4754—2017），国民经济行业分类为：A——农、林、牧、渔业；B——采矿业；C——制造业；D——电力、热力、燃气及水生产和供应业；E——建筑业；F——批发和零售业；G——交通运输、仓储和邮政业；H——住宿和餐饮业；I——信息传输、软件和信息技术服务业；J——金融业；K——房地产业；L——租赁和商务服务业；M——科学研究和技术服务业；N——水利、环境和公共设施管理业；O——居民服务、修理和其他服务业；P——教育；Q——卫生和社会工作；R——文化、体育和娱乐业；S——公共管理、社会保障和社会组织；T——国际组织。

1.2.3 职业

职业是指参与社会分工，利用专门的知识和技能，为社会创造物质财富和精神财富，获取合理报酬作为物质生活来源并满足精神需求的工作。职业 = 行业 + 职位，其中行业指方向，职位指从事的具体事项、工作的岗位职务与位置。

社会分工是职业分类的依据。在分工体系的每一个环节上，劳动对象、劳动工具以及劳动的支出形式都各有特殊性，这种特殊性决定了各种职业之间的区别。

世界各国国情不同，划分职业的标准有所区别，通常有三种分类方法。

一、按脑力劳动和体力劳动的性质、层次进行分类

这种分类方法把工作人员划分为白领工作人员和蓝领工作人员两大类。白领工作人员包括专业性和技术性的工作人员，农场工作人员以外的经理和行政管理人员、销售人员、办公室人员。蓝领工作人员包括手工艺人及类似的工人、非运输性的技工、运输装置机工人、农场以外的工人、服务性行业的工人。人们也常把决策层叫金领，操作层叫蓝领。

二、按心理的个别差异进行分类

这种分类方法是根据美国著名的职业指导专家约翰·霍兰德（John Holland）创立的“人格—职业”类别匹配理论，把人格类别划分为六种，即现实型、研究型、艺术型、社会型、企业型和常规型，与其相对应的是六种职业类型。

三、依据各个职业的主要职责或“从事的工作”进行分类

这种分类方法较为普遍，以两种代表为例。其一是国际标准职业分类。国际标准职业分类把职业由粗至细分为四个层次及 8 个大类、83 个小类、284 个细类、1 506 个职业项目，总共列出 1 881 个职业。这种分类方法便于提高国际职业统计资料的可比性和国际交流。其二是加拿大《职业岗位分类词典》对职业的分类。它把分属于国民经济中主要行业的职业划分为 23 个主类，主类分为 81 个子类、489 个细类、7 200 多个职业。此种分类法对每种职业都有定义，逐一说明了各种职业的内容及从业人员在普通教育程度、职业培训、能力倾向、兴趣、性格以及体质等方面的要求，有较大的参考价值。

根据《中华人民共和国职业分类大典（2022 年版）》，我国现有职业归为 8 个大类、79 个中类、449 个小类、1 636 个职业，并按“行业—专业—工种”顺序依次编排工种。工种是劳动管理的需要并根据生产劳动的性质和工艺技术的特点而划分的工作种类。

职业作为人类社会发展到一定历史阶段的产物，往往随着社会的不断进步而不断加速变迁。21 世纪是信息与知识经济的时代，人们预测由于技术革新等因素，今后每 10 年将发生一次全面的“职业大革命”，其中，重大变化每两年就会有一次。许多经济学家认为，未来几年内，新职业出现的频率将逐渐加快，职业分工由简单到复杂，职业活动内容不断更新，职业要求越来越综合化，职业活动趋向自由化，除高新技术职业将日益受到青睐外，其他职业将实现由第一、第二产业向第三产业转移的趋势。

延伸阅读

2021 年度上半年大学生就业报告

智联招聘发布的《2021 年上半年大学生就业报告》显示，大学生就业呈现以下几个特点：

1. 选择什么行业比较有发展前景?

根据不同行业简历投递量数据显示，比较受欢迎的行业有房地产/建筑、互联网/IT/电子/通信、批发/零售/贸易等。

受互联网裁员潮及职场中年危机等因素的影响，互联网行业吸引力下降 0.7%；而教育培训行业整顿、规范力度加大，导致教育培训/科研简历投递量整体下降 2.1%（图 1-1）。

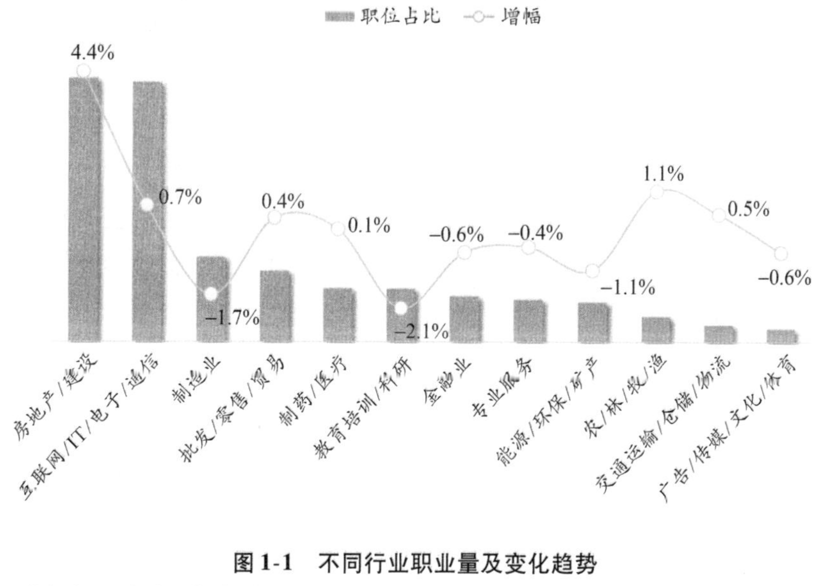

图 1-1 不同行业职业量及变化趋势

2. 哪些行业竞争最激烈?

从不同行业求职竞争指数来看，在后疫情时代，毕业生对安全感和稳定性诉求持续上升，到政府事业单位、国企工作的意愿更强，导致就业竞争非常激烈，求职难度较大。

政府/非盈利机构的就业竞争指数为 42.0（图 1-2），是全国平均水平的 2.3 倍。国企的就业竞争指数为 50.2，是全国平均水平的 2.7 倍。

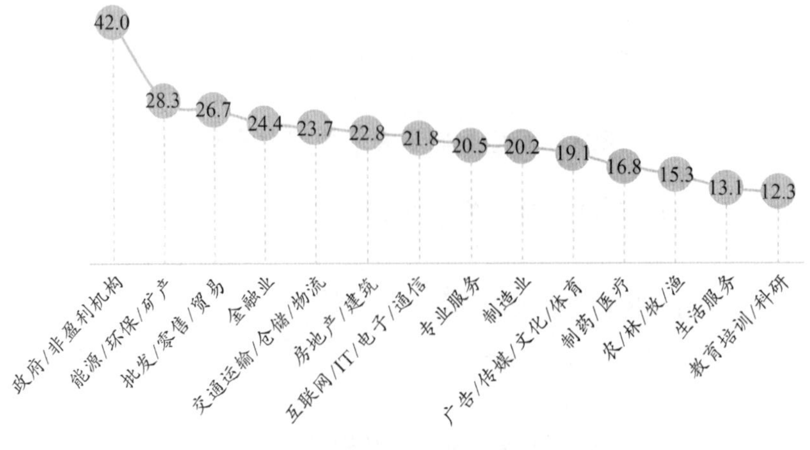

图 1-2　不同行业求职竞争指数

3. 需求涨幅较大的几个职业是什么？

疫情过后公众健康意识显著提高，运动健身、医生/药剂师等职业迎来了发展机遇，目前市场需求涨幅较大的前 5 个职位是运动健身、医生/药剂师、证券/基金、社工、动画动效设计。

4. 哪些岗位竞争最激烈？

目前市场上比较受关注的岗位是财务、工程管理；由于财务专业毕业生越来越多，也导致财务岗位竞争相对较为激烈，竞争指数高达 91.1。因此，财务专业毕业生可以着力提升专业技能，以提升自身竞争力（图 1-3）。

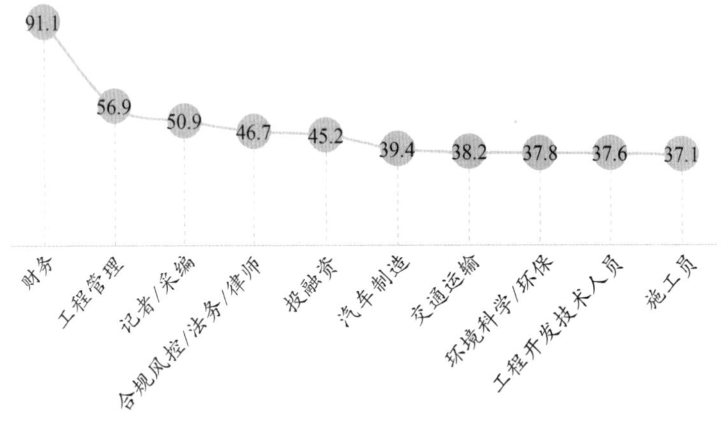

图 1-3　不同职业求职竞争指数

1.3 高职生的职业目标

1.3.1 两种似是而非的选择

一、究竟为什么要专转本

有些同学对从高职院校毕业后并无明确打算，只是想先考专转本。当老师问他为什么要“专转本”，该同学对老师如是说道：“我寝室里那些同学成绩还不如我，他们都考专转本去了，那我也去考，我不相信他们能考取而我不能。”请问，你是怎样看待这位同学的这种“专转本”动机的呢？

自2014年起，江苏省“专转本”政策做了如下调整：从省内普通高校的高职（专科）三年级应届毕业生中选拔；除普通民办高校（含独立学院、民办二级学院）外，适当安排部分应用型公办本科院校接收“专转本”学生，并实行全省统一考试和学校加试的办法，“专转本”学生统一转入本科三年级学习。普通高校“专转本”学生学费与接收院校普通本科相同专业学生的学费为同一标准。

准备参加“专转本”的同学应该对此有所了解。确定“专转本”的同学，要关注当年参加“专转本”考试的相关规定，比如时间、报名方式、相关专业的报名要求等。

案例分析

1. 小周毕业实习时曾在一家著名的德企应聘成功。那时正值数控技术工人紧缺期，数控人才供不应求。在毕业前，他通过“专转本”进入了一家民办本科学院深造。然而，两年过后，意想不到的事情发生了。当小周本科毕业时，再次去该公司应聘，却遭到了拒绝。原因很简单，两年期间，随着公司的不断完善和相同学校的同专业人才的涌入，该公司的数控人才早就已经饱和了。

2. 无独有偶，还有一位通过“专转本”升学在南京一所高校读本的同学，虽然投出了很多简历，还是一直等不到回复。最后，他回到太仓找到母校的老师，在老师的推荐下，和他的学弟学妹们一起竞聘一个企业。最后该企业在21位应聘者中录用了10位同学，而他依然落选。

分析：从这两个例子来看，继续深造并不一定给我们带来更加光辉的前程。其实是否选择升学，关键在于自己是否有一个明确的理想和规划，如果你的职业理想是当一名统计分析师，那么硕士研究生学历就是必须跨越的门槛；如果你的理想是当公务员和村干部，那么你至少要攻读到本科，最好有研究生学历……是的，如果你正计划“专转本”，那么是否已经问过自己究竟为何要“专转本”，即自己的动机是什么？是实现自己职业理想的需要呢，还是对“高学历好就业”心存幻想呢？

很多调查报告结果都忽略了这样一种选择升学的心理：我真的不知道自己想做什么，我觉得自己还没有准备好求职，我害怕经受求职的挫折，更害怕社会的复杂，不如逃避这种对未来的规划和选择，继续做我擅长的、已经做了很多年的事情——读书。

从父母的角度，不少家长是这么理解的：书总归是读得越多越好，子女愿意读我们必须支持；孩子还小，让他在学校里长长大再说；反正家里也不缺钱，随他去吧……

在这里，需要警惕的是：缺少职业规划而选择“专转本”并不是对未来负责任的一种举动，我们迟早要为自己或盲目或逃避的选择付出代价。

二、“先就业再择业”错在哪儿

很多同学认为，只要找到了工作就万事大吉，就可以透一口气了。但是，根据对大学生就业后的相关调查发现，没有职业方向的就业，其实会让求职者面临更多的烦恼。

案例分析

1. 小张大三求职时采取了“海投”策略。大范围撒网还是给她带来了一定的收获，她收到了好几份offer（聘书）。于是，小张在拿到的这几份offer中，挑选了一份市场营销的工作。这份工作吸引她的不仅是薪资待遇不错，而且能留在上海。经过大半年的工作，小张开始怀疑自己是否选错了职业，因为工作中每天必须面对的广告策划、产品推广、复杂的人际关系等因素让性格文静内向的她时常感到沉重的压力和莫名的恐惧。

其实像小张这样的情况，看似是“择业”，但事实上这种所谓的择业并不是建立在自己的兴趣和职业规划之上的，仅仅是因为薪水较高而选择了它，对于自己目前的状态及未来的目标都未考虑，于是这种选择就变得盲目了。这其实不能称之为“择业”，她更像是在迷茫中“被选择”。而比这种“盲目”更糟糕的做法就是“先就业再择业”。

2. 在毕业前夕，小徐一直是以“先择业”为指导方针的，但是因为就业市场供大于求，而他又缺乏择业的判断标准，同窗好友、至爱亲朋们七嘴八舌的“高见”搞得他一头雾水。临近毕业，眼看着同学们陆续找到了岗位，而自己高不成低不就，面对父母期盼的眼光，小徐有点急了。这时，正巧有家企业想聘用他，抱着“先就业再说”的想法，小徐成了某企业市场开拓部的经理助理。但是在工作了一年以后，他仍然觉得不适应，整天面对文件和会议，一点工作的热情都激发不起来，这时的小徐很后悔当初没有“先择业再就业”。

分析：如上述案例所说的那样，像小张和小徐这样的同学其实为数不少，虽然找到了一份工作，但很不适合自己，结果就无法激发起他们的工作热情，于是也就得不到好的回馈，这又进一步影响了他们的工作积极性。于是，他们很快就会进入一种恶性循环，职业生涯的发展机会就会离他们越来越远了。

如果我们都能对自己的兴趣、性格、特长多一些了解，对职业多一些认识，或许我们就会对求职多一份把握和自信。明确的职业目标、具体的生涯规划和充分的求职准备，会帮助我们更快地拥有属于自己的事业。

1.3.2 职业生涯需要规划

职业生涯规划是事业成功的指南针。根据美国哈佛大学的一项追踪研究表明，没有明确目标的职业生涯是很难获得成功的。

哈佛大学曾经做过这样一个非常著名的“关于目标对人生的影响”的跟踪调查，调查的对象是一群智力、学历、环境等条件差不多的年轻人。

调查结果发现：27% 的人没有目标；60% 的人目标模糊；10% 的人有清晰但比较短期的目标；3% 的人有清晰且长期的目标。

经过 25 年的跟踪研究，结果发现他们的生活状况及分布现象呈现一定的规律。3% 有清晰且长期的目标的人，他们大多成了社会各界的顶尖成功人士，其中不乏白手起家的创业者、行业领袖、社会精英；10% 有清晰但比较短期的目标的人，大多生活在社会的中上层，成为各行业不可或缺的专业人士，如律师、医生、工程师、高级主管等；60% 目标模糊的人，几乎都生活在社会的中下层，他们能安稳地生活与工作，但都没有什么特别的成绩。剩下的那 27% 没有目标的人，几乎都生活在社会的最底层，他们的生活过得不尽如人意，常常失业，并且抱怨他人，抱怨社会，抱怨世界。

调查者因此得出这样的结论：目标对人生有巨大的导向性作用。25 年的跟踪研究结果显示，他们的状况及分布现象十分有意思。那些 3% 有清晰且长期的目标的人，25 年来几乎都不曾更改过自己的人生目标。25 年来他们都朝着同一方向不懈地努力，25 年后，他们几乎都成了社会各界的顶尖成功人士。

这个调查显示，只有 3% 的人获得了真正的成功，而这 3% 的人之所以能够获得成功，其共同点在于他们为自己的职业生涯早早确定了明确的目标，并且始终坚持。成功的职业生涯规划的本质，在于建立一个牢固的发展基础。个人职业生涯规划为什么重要？用最通俗的话说，它决定了你一二十年后你的办公桌在哪里。也就是说，职业生涯规划促使个人在实现职业目标过程中始终保持一个向心力，为实现自己的人生目标而努力。

职业生涯规划是一种依托于成功学、管理学原理，借助心理学、社会学、计算机技术，帮助人们认识自己、认识社会，并进而规划自己一生的方法，是一种助人成功的目标管理方法。它的重要性远大于一般我们在学校内接触到的其他各类专业知识和技能，它会影响我们的一生。

简言之，职业生涯规划就是在下列三点中寻找平衡点：

（1）个人性格特点和兴趣；

（2）具备的能力、条件和专业知识；

（3）社会需求和市场。

由于人在不断成长，环境在不断改变，所以职业生涯规划也应该处于不断的调整之中。也就是说，我们必须在先前所做的职业生涯规划的基础上不断进行自我认知和环境认知，适时调整和修订自己的规划，只有这样，我们才能拥有辉煌的人生。

案例分析

小李是报关与国际货运专业学生，高中时，她偶然接触了职业生涯规划，于是根据自己的爱好与特长确定了报关工作这个职业目标。高考后她搜集了大量的学校资料，选择了“报关与国际货运”专业。招生老师在现场咨询时与她交流后感叹道：“真没想到这个学生比我还了解我们的学校和专业。”进入学院后，其他同学还在懵懵懂懂的时候，她早已按照自己的计划向目标挺进了。

小李的目标是利用“专转本”的机会考上相应的本科专业，本科毕业后从事自己热爱的报关工作。为此，在大一时，她在很好地完成各门功课的基础上，把大部分的业余时间用在了报关与货运的专业知识学习上，课余时间不断请教本校和外校的老师，在专业上突飞猛进。大二时，她就去了一家报关公司实习并开始准备报关员考试。通过实习，她更加坚定了日后从事报关工作的决心。大三毕业时，她不仅如愿升入了本科，而且还取得了很难考到的报关员证。

分析：既然职业生涯规划如此重要，为什么我们常常会忽略它呢？导致我们忽略职业生涯规划的困难并不是不可逾越的，我们需要的仅仅是制定规划的耐心、毅力、勇气与方法。

延伸阅读

我曾经在纽约城的中心公园听到过两个大学生的谈话。我们称之为吉姆和弗莱德。在不到半分钟的谈话里，他们真实地“演绎”了大多数人选择职业的方法。

吉姆：嗨，你学的什么专业？

弗莱德：物理学。

吉姆：物理学？老天，你实在不该学物理，计算机专业才是热门。

弗莱德：可是我喜欢物理学。

吉姆：伙计，物理学挣不到大钱。

弗莱德：真的吗？那什么能？

吉姆：计算机。你应该改行搞计算机。

弗莱德：好吧，明天我就开始。

在我们这种文化氛围下，许多求职选择（和职业转换）就是用这种方式在一眨眼之间做出的，在与某人的随意谈话时做出，或者是追随父母的脚步，听从新闻媒介上的文章的劝导时做出，有时甚至是在男友或女友的怂恿之下做出的。

每一个刚刚踏入社会的年轻人以及那些中途调整职业的人，都必须做出一项重要决定：你将以什么方式来谋生？做一个农夫、邮差、化学家、森林管理员、兽医、大学教授或者摆一个牛肉饼摊子？这种选择通常都像赌博。哈里·艾默生·佛斯迪克在他的《透视的力量》一书中这样说道：“每一个男孩在决定如何度过假期时，都是赌徒。他必须用自己的岁月做赌注。”现在，我所做的努力就是告诉人们如何降低“选择假期”时的赌博性。

我曾经在毫无准备的情况下做出一个重要的人生选择，甚或一次谈话改变了我的决定。今天，当我以“职业规划师”的身份与他人沟通时，一些看法变得更通透。我发现，大多数人的盲目并非认为职业规划不重要，而是因为：

——他们不知道如何去做；

——他们觉得这样做太麻烦；

——他们对自己确定的目标和计划没有信心；

——他们将目标制定得过于长远，这使立刻看到成果变得不可能，从而导致他们丧失了勇气。

世界上只有3%的人有自己的目标和计划，并且将它明确地写出来；还有10%的人有目标和计划，但却将它留在自己的脑子里；剩余87%的人都随波逐流，不知道自己该向何处去，自己的生活完全被人掌控。

因为职业关系，我曾经拜访过许多事业有成的人，发现他们有一个共同特点，那就是在正确的时间做出正确的决策。这种选择并非因为他们拥有某种特殊的天赋，而是他们对自己的人生和事业有一个明确的目标和整体的规划。

一个人从出生开始经过一段漫长的经历，直到离世为止，虽然都有其不等的生命长度，但是成长的阶段都是不变的。不同阶段的成长，需要有不同的成长环境来配合，以符合我们的发展，所以我们必须要有“生涯规划”观念。

从出生到死亡，一次就做好生涯规划是一件不可能完成的事情，我们所要做的是在成长的转换点上来切割我们的人生。通过这种有意识的规划来矫正人生的偏差。

的确，职业生涯中充满了各种不确定性因素，我们无法了解明天会发生什么。但是，毕竟还有许多东西是我们可控的，我们只要把握这些可控因素，在面对一个又一个人生选择时，能抵制住诱惑，就能使我们的职业生涯不至于偏离得太远。

你是自己人生的建筑师，是建造一种成功的生活还是建造一种悲惨的生活，关键在于你勾画出一个什么样的蓝图。①

1.3.3 成功的职业生涯规划攻略

职业生涯是与个体的现实条件、环境密切关联的发展过程。这种关联表现为“人”与“职”的匹配与适应过程。心理学研究表明，人与人之间的差异最主要的表现为身体素质、智力和个性特征上的差异，最终又表现为能力与性格上的差异。职业是在社会分工过程中形成的，每个职业都有其自身的性质和内容，对于任职者的要求也不一样。个体的差异和职业多样性的存在，使每个人都不可能适应社会上的每一种职业。因而，职业和职业性质与就职者个性特征之间的合理配合对组织和个人双方都有好处。同时，在一定时间范围内，各种职业及其要求具有相对稳定性，个人特征在一定时间里也保持相对稳定。这也正是人与职业可能匹配的前提。

案例分析

小张于机电专业毕业后两年，在太仓的一家肯德基门店担任店长。在他看来，

① 彭书淮. 选择比努力更重要［M］. 天津：天津科学技术出版社，2009：59－60.

这是一份富有挑战性和成就感的工作，回顾求职经历，他将成功归因于大学“做对了四件事”。

小张是从淮安的一个镇上考入学院机电系的。对于未来，他有两个选择：一是努力学习文化知识，三年后回到生养他的小镇做一辈子的老师；二是另寻出路，留在城市。要强的小张选择了后者，用他的话来说，这是他大学里做对的第一件事。对此，他用职业规划的术语称之为“明确目标”。

第二件事是重新审视自我。小张发现自己的长处和爱好并不在于教书，他比较喜欢与人打交道，善于营销和管理。这就是职业规划中的“认识自己”。

接下来，小张花了很长的一段时间去思考自己未来会扮演一个什么样的角色。这也是他做的第三件事——“角色定位”。最终他认识到，在餐饮公司或商场里，他的沟通和管理能力肯定会显现出来，加上大学学的是机电一体化技术，一些小型设施的操作和维修等也很可能会给自己带来机会。在对职业定位的思考中，小张还充分考虑到了市场因素。对此，他的心得是：有很多时候，我们的职业定位都是从自己出发的。要把自己放到社会大环境中，看自己能扮演一个什么样的角色。

做一只早起的鸟儿，是小张做对的第四件事。都说“早起的鸟儿有虫吃”，但是真正有多少人愿意做早起的鸟儿呢？小张不无感慨地说：“我是从大一开始去肯德基实习的。我读了三年大学，每个周末和假期都去实习。第一次去还是我自己去店里找经理自荐的。通过长期的勤工俭学，我积累了大量的人脉资源，他们甚至直接影响到我找工作。同时，我也获得了门店管理经验。”

分析：小张的职业发展无疑是成功的，他过去的经历让我们看到这成功背后的必然性。或许，用心的你已经醒悟：效仿小张职业规划的四部曲，拿到心仪的聘书不过是水到渠成的事。

（1）发现职业兴趣、设定职业理想。叩问自己的内心，倾听家人和朋友对自己的评价，还可以选择职业测评工具，发现职业兴趣，进而勾勒出未来职业生涯的理想图画。

（2）自我评估和环境分析。通过自我分析，认识自己，了解自己的优势和劣势，并且依据现实情况清晰地把握，进行有针对性的规划实践。

（3）了解职业环境、确立职业发展目标。通过实习，向从业者咨询或上网查询，了解真实职业环境，包括工作环境、工作内容、工作所要求的技能、任职资格、与其相匹配的风格和价值观等。只有在对个人进行全面分析以及对环境有较深入的了解后，我们才能真正结合个人职业理想确定自己的职业发展目标。

（4）制订、执行每个学期（或半年）的行动计划。为职业目标的实现设定短期计划，可根据具体的职业要求，寻找自身差距，制订提高能力的行动计划并严格执行。主要行动路线在于提高自己与理想职业相匹配的能力。

请重新翻开你的成长指导手册，用心阅读你以前写下的职业生涯规划，是不是该认真审视它了？

延伸阅读

记住哦，没有人因为做错自己的规划而失败；相反，我们当中的很多人，可能因为没有认识到职业规划的重要性，没有采取任何行动而与梦想擦肩，蹉跎青春。

叠罗汉时你喜欢哪一个位置？

最上面的？会摔得很惨。

最下面的？会被压得很痛。

中间的？又似乎不够刺激。

叠罗汉时，我总是后悔我选择的任何位置。

请你不要误解“计划赶不上变化”的含义而舍弃职业生涯规划，要知道，在你的事业发展道路上，机遇是你按着既定目标探索的过程中迎来的，没有既定的规划，是无法争取新机遇的。

在追寻的过程中，我们可能途经意想不到的美丽花园，望见异常璀璨的星空。

我们离自己的成功并不遥远，只差一个我们都能做到却常常被忽略的职业生涯规划。如果我们都能有这样的认识，遵循一般的制订目标与计划的方法，做出一份属于自己的规划其实并不困难。而你也定会收获“蓦然回首，那人却在灯火阑珊处”的欣喜。

选择职业时应当遵循的原则：

（1）清楚了解自己的态度、能力、兴趣、智谋、局限和其他特征。

（2）清楚了解职业选择成功的条件：所需知识，在不同职业工作岗位上所占有的优势、劣势、机会和前途。

（3）上述两个条件的平衡。

——几米

拓展训练

1. 请精确描述自己。

找一个心静的时间，一张纸、一支笔、一杯清茶或咖啡，推开心灵之窗，面对真实的自己。

我是谁（角色、个性和能力）？面对自己，真实写出每一个想到的答案，按重要性进行排序。

我喜欢做什么？回忆自己真心向往过的、想干的事，并一一记录下来，进行排序。

我能够做什么？将自己得到的已被证明的能力和自认为还可以开发出来的潜能一一列举出来，认真排序。

听自己最真诚的回答，看看三个问题的回答中，排在前面的回答是否相似。最终你会找到自己真正的职业兴趣和职业倾向所在。

2. 请你用5个词描述你身边5位同学的优点并当面大声地读给他听，听者则用笔记下这5个词。

3. 进行相关测试。

性格：你待人处世、处理事情的方式与风格是什么。

职业兴趣：你喜欢什么工作。

能力倾向：你擅长什么工作。

价值观：你喜欢什么样的工作与生活方式。

1.3.4　精确锚定职业目标

确定职业目标的前提是尽可能充分了解职业，并据此判断职业是否真如心中所向往的那样。

比如停留在片面认识和单纯想象中的人，肯定并不知晓新闻记者这个职业光鲜背后的许多无奈：工作时间特殊，无法按时接送孩子上学和放学，无法与家人一起享受节假日；工作环境复杂，经常为采访新闻去接触形形色色的人，甚至置身在灾难、战争等危险的第一线……

但是，如果记者身上所体现的社会责任感是你认同的第一价值观，那么即使有再多超出想象的无奈，你还是会乐在其中的。

影响你是否愿意从事该职业的原因是多方面的，所以，你需要有一个立体的评价体系来帮助你了解你想从事的职业。

一、职业内容

职业内容是每个职业最基本的特征，它能告诉我们一项工作的职责是什么，工作当中会运用到哪些技能，等等。只有了解了职业内容，我们才能结合自身特点来判断自己是否对这个职业感兴趣。

二、职业工作方式和环境

不同的职业工作方式和环境是完全不同的，这涉及每个职业从业者日常的活动范围和环境、接触的人群等问题。比如有的职业需要长期久坐（计算机系统软件工程师）；有的职业需要经常和他人交流（销售代表）；有的职业工作条件和环境很艰苦，甚至危险……这些更具体的细节将有助于你认识该职业并做出适当的判断。

三、职业能提供的工作满足

工作中的成就感很大程度上决定了一个人从事该职业的积极性和工作热情，你需要了解自己是否能够从这项工作中获得满足和价值感，以驱动自己持续地付出劳动。

四、职业要求的知识和任职资格

怎样才能从事这个职业？即需要怎样的知识技能准备、怎样的智体能力和知识结构才能胜任这一工作。这也是下一步为实现目标制订具体行动计划的“标杆”。

案例分析

要确定一个较明确的职业目标，并且获得为之奋斗的动力，不妨来尝试一个非常有效的办法：让我们一起闭上眼，畅想一下三年后你的生活状态怎样？那个时候你都已经拥有些什么？

A：“我住着自己的小户型，刚买了一辆新车！”

B：“哇！那车是什么牌子的呢？”

A：“路虎！”

B：“啊！它值多少钱呢？”

A：“70 多万吧。”

B：“这就是说，你在三年后年薪要在 100 万以上？”

A：“是啊。”

B：“那么，两年后，你的年薪应该要有多少呢？”

A：“50 万吧。”

B：“所以你现在的收入水平必须是？”

A：“我现在必须每年有10万收入！”

B：“现在有没有？”

A：“……”

分析：像上面的例子，通过倒推法，完全可以帮你更好地辨别自己设定的职业目标是否恰当、可行。

有人力资源专家批评指出：“当下，大多数大学生的职业生涯目标都处于模糊状态，完全凭着空想构建自己理想化的海市蜃楼。”

的确，如果要让目标真正具有指导性，那它必须是务实的、可行的且适合自己的。其实，解决目标问题的过程就是：首先探索真实的自己，然后切实把握环境。

三年后的100万年薪并非高不可及，问题是你能否回答与100万年薪相匹配的职业发展状况，你的职业，你三年后所处的职位？进而，再回溯到今天，你应该为这个目标做何种准备，付出多少努力？当然，也并不是不可以将职业生涯的目标量化成货币，关键在于你可曾意识到年轻时代追求自我的成长比享受物质上的舒适更加让你后劲十足、受益终身？

总而言之，“求职”这道选择题，还真是对我们每个人的现实考验。但可以肯定的一点是，在做任何决定之前，你都应该尽可能地掌握充分的信息，也就是“准确的数据带来准确的决定”。

【思考题】

1. 请结合自身实际，谈谈可以从哪些方面来清晰确定自己的职业目标。

2. 结合《大学生成长指导手册》和前述的几个测评，修订原来的职业生涯规划书。

第二讲 专业与职业选择

成长是一个需要规划的过程，正如航行需要罗盘、旅行需要地图那样，人生需要规划。我们要懂得为自己预设好人生的轨道，不断评估、准确判断、及时调整，要记住：方向的改变，必将改变我们到达的站点。

求职也是这样，若想在求职的舞台上走出属于自己的一片天地，那么，首先就必须要找准自己努力的方向，即理想的职业。

什么是理想的职业？其实真正的“理想”应该是“适合”！尽管从书本、互联网上可以或多或少地了解一些相关信息，但终究没有机会让我们对各行各业有一个全面的认识，更不消说逐一亲身体验过，所以很难说清什么才是理想（适合）的职业。用李白的诗来写照，依然就是“卷帷望月空长叹，美人如花隔云端”。

其实，我们可以从客观的职业环境和就业环境出发，来告诉你什么样的职业才是真正符合你的要求的，才是真正适合你的。

2.1 职业真相

要想了解一个职业的真相，最简单有效的方法莫过于让我们有机会体验它真实的一天：

该职业每天都做些什么？不同的职业，想必差别挺大……

我会在怎样的条件下完成工作任务？是独立进行工作，还是团队协作，经常需要与人交流吗？是户外作业，还是室内办公？等等。

做好这个工作，需要我用到哪些技能和知识？机械加工知识？还是英语会话、写作能力？还是计算机方面的实用技能？等等。

在工作过程中，所处的管理风格与工作氛围是怎样的？我喜欢吗？适应吗？

一天的工作结束后，我的内心是否觉得充实和满足？该职业的价值观和兴趣是否真正符合我心目中的标准呢？

如果能回答上述这些问题，那么你也就完成了对某一职业较全面的认识和理解。

现实生活中不可能让你逐一观摩或通过实习去体会自己所向往的那些职业的真实环境，但是你可以从以下这几个方面来模拟感知你所向往的职业全貌。虽然不是亲身体验，但也能让你身临其境地了解职业的真实一天。这包括：对从业者的职业要求（工作任务，工作要求的性格、智体能力、技能、知识结构和任职资格，工作方式和环境）以及从业者追求的工作满足（工作兴趣、价值观、企业氛围）。

知识链接

这里以会计员的真实职业环境为例（表2-1）。

表2-1　常规型——会计员的真实职业环境一览表

职业描述		
会计员：分析财务数据并准备财务报告，决定或持续记录一个组织的资产、权益、利润、损失、纳税或其他财务活动		
从业者的职业要求		
排序	工作任务	
1	通过制定、检验、分析会计记录、财务报表和其他财务报告，达到报告的精确性与事实的一致性	
2	对税收情况进行计算，以保证实际收支与税收标准相一致	
3	通过分析商业行为、趋势、支出、收入、财务责任和义务，为将来的收支情况提供建议	
4	向管理层报告财务相关情况	
5	创建账目并对其进行合理分配	
6	通过定期汇报实际收支与预算的吻合情况，对预算进行改进	
7	使用最新的计算机信息技术开发、完成、修改和登记财务记录系统	
8	为会计和记录人员创造条件，并指导其开展工作	
9	对营运进行调查，以确定其会计需求，并为其商务和财务问题提供解决方法	
排序	工作要求的性格	
1	协作精神	要求工作者乐于与他人协作，并在工作中表现出和善、合作的态度
2	自制能力	要求工作者即使在十分困难的情况下，也要保持镇静，克制自己，控制怒火，避免过激行为
3	承受能力	要求工作者能够接受批评并冷静、有效地处理巨大压力下的工作
4	适应能力	要求工作者愿意（积极地或消极地）改变自己，以适应环境，能够接受工作环境的巨大变化
5	可靠性	要求工作者可靠地、有责任感地、值得信赖地履行自己的职责

续表

排序	工作要求具备的主要技能	举例说明
1	基本技能——数学解法	例如，用数学方法来解决问题
2	基本技能——积极聆听	例如，理解对方讲话的要点，适当地提出问题
3	基本技能——批判性思维	例如，运用逻辑推理来判定解决问题的建议、结论和方法的优缺点
4	基本技能——绩效监督	例如，监督和评估自己、他人或组织的绩效，以采取改进行动
5	系统技能——判断和决策	例如，考虑各方案的成本和收益，决定最合适的方案
排序	工作要求的知识结构	
1	数学	关于算术、代数、几何、微积分、统计及应用的知识
2	经济学与会计	关于经济和会计原理与实践、金融市场、银行业以及对金融数据进行分析和报告的知识
3	消费者服务与个人服务	关于向顾客和个人提供服务的原理和过程的知识，包括评估顾客需求、达到服务质量标准、确定顾客的满意度
4	中文语言	关于汉语语言结构和内容的知识，包括词的意义和书写、构成规则和语法等
5	计算机与电子学	关于电脑软硬件和电子设备使用、开发和维护的知识，包括硬件装配、线路分析、软件使用、程序开发、系统检测等
职务准备		工作要求的任职资格
总体经验		需要从业者最少具备2～4年与工作相关的技能、知识或工作经验。例如，一个会计必须完成四年的大学课程并从事会计工作若干年后，才有资格成为会计师
在职培训		从业者通常须具备几年的相关工作经验、在职培训和（或）职业培训
任职资格举例		这个大类的许多职业都要求从业者与他人协调，负责监督、管理或培训的工作
教育背景		大多数岗位要求从业者具备学制四年的本科学士学位
排序	工作要求的智体能力	
1	对问题的敏感度	指出错误或有可能出错误的能力。这并不包括解决该问题，而只是指发现该问题
2	演绎推理能力	将总体规则运用于具体问题中，并据此找出有意义的答案的能力
3	口头表达能力	与他人进行口头交流，使其明白自己传达的信息和思想的能力
4	书面表达能力	使用书面语言传达完整的可被他人理解的信息和思想
5	数学推理能力	选择正确的数学方法或公式解决问题的能力

续表

排序	工作方式和环境	
1	工作信函和备忘录	该工作需要频繁书写信函和备忘录
2	与工作小组合作	与他人组成团队并合作对该工作很重要
3	精确的重要性	该工作对精确度的要求很高
4	进行决策的自由	该工作可为从业者提供不受监督的自由决策空间
5	坐的时间	该工作需要从业者长时间坐着工作
排序	工作活动	
1	工作操作	操作计算机
2	资讯分析过程	对数据和资讯进行分析
3	资讯处理过程	处理资讯
4	资讯输入	获取信息
5	工作产出	归建档案或信息记录在案
从业者追求的工作满足		
排序	职业兴趣	
第一兴趣	常规性的	常规性职业通常要求工作者依照已有程序、规则处理数据和完成一些琐碎工作，而不需要在工作中表现出独创性思维；一般工作中有明确的上下级关系
排序	工作价值观	
1	工作条件	为工作者提供工作保障和良好的工资条件。工作者的职业需要是行动、报酬、独立性、保障、多样性和工作条件
排序	企业氛围	
1	活动	该项工作的从业者随时都很忙碌充实
2	自我管理	该项工作的从业者在规划自己工作时很少受到监督
3	公司政策和惯例	该项工作的从业者受到公司的公平对待
4	报酬	与其他从业者相比，该项工作的从业者报酬比较丰厚
5	独立性	该项工作的从业者可以独立完成工作

案例分析

企业财务人员招聘广告示例

某企业财务部招聘会计员，条件如下：

——财务会计相关专业本科以上学历，助理会计师以上职称。

——两年以上外资商贸企业工作经验，具有报税及相关事务工作经验。

——熟练使用 Office 办公软件及用友 ERP 系统。

——工作细心，有较强的责任心，可以承受一定的工作压力。

——为人正直，原则性强，具有良好的敬业精神和高度的团队合作精神。

分析：会计职业适合于注重细节、能独立分析思考、能承受压力的这类人。在校学生将来若有意从事该职业，可以在认真学习专业基础知识之余，多注重培养自身在数学解法、批判性思维、判断和决策等方面的能力。该职业在任职资格方面，比较重视职业资格认证，如果已经通过“注册会计师”考试（如 CPA 或 ACCA 等）的话，就能在就业时获得更大优势。因此，在校学生一方面可以着手了解相关的专业资格要求，提前做好准备；另一方面应利用假期或学习之余从事相关的实习和兼职工作，积累实际从业经验。

知识链接

下面以计算机系统软件工程师真实职业环境为例（表 2-2）。

表 2-2　研究型——计算机系统软件工程师的真实职业环境一览表

职业描述		
计算机系统软件工程师：为医学、工业、军事、通信、航天、商业、科学和基础计算机应用而研制、设计、开发并测试操作系统软件。设置操作具体说明，指定并分析软件需求。应用计算机科学、工程学和数学分析的原理与技术		
从业者的工作要求		
排序	工作任务	
1	能对软件系统进行有效的测试，发现问题并提出改进建议	
2	能通过程序方式进行科学分析和数学建模，并预测结果	
3	能不断优化现有软件，以提高性能，并适应新的硬件环境	
4	能按照客户需求，协助设计小组进行前台界面设计并开发相关使用说明书	
5	为客户提供软件产品的远程培训及售后保障服务	
6	受理客户服务的请求，承担必要的产品实施或产品升级的具体工作	
7	能及时获取、存储和处理相关系统数据，对相应的系统性能和需求进行分析	
8	能撰写相关软件使用说明书以及运行状况的报告	
9	能评估各种因素（如成本限制、安全限制）等，从而决定硬件配置	
排序	工作要求具备的性格	
1	协作精神	要求工作者乐于与他人协作，并在工作中表现出和善、合作的态度
2	成就/努力	要求工作者能够激发并保持自己对目标的挑战欲，并竭尽全力完成任务

续表

3	适应能力	要求工作者愿意（积极地或消极地）改变自己，适应环境，能够接受工作环境的巨大变化
4	可靠性	要求工作者可靠地、有责任感地、值得信赖地履行自己的职责
5	坚持不懈	要求工作者在面对困难时坚持不懈
排序	工作要求具备的主要技能	
1	解决复杂问题的能力——解决复杂问题	例如，识别复杂问题并查阅信息，以发现和评估解决方案
2	技术能力——技术设计	例如，按要求设计和修改设备与技术
3	技术能力——疑难排解	例如，判断出现操作错误的原因，并决定纠错对策
4	基本技能——批判性思维	例如，运用逻辑推理来判定解决问题的建议、结论和方法的优缺点
5	基本技能——积极学习	例如，理解信息中的启示，用于解决问题，帮助作出决定
排序	工作要求的知识结构	
1	计算机与电子学	关于电脑软硬件和电子设备使用、开发和维护的知识，包括硬件装配、线路分析、软件使用、程序开发、系统检测等
2	数学	关于算术、代数、几何、微积分、统计、建模等相关知识
3	中文语言	关于汉语语言结构和内容的知识，包括词的意义和书写、构成规则以及语法等
4	工程与技术	关于工程科技实际应用的知识，包括应用原理、技术、程序和设备，来设计和生产多种产品，提供多种服务
5	计算机专业英语	关于英语阅读、交流和写作的知识，包括专业词汇与专业文章的积累与理解、职场环境的英语对话和专业文章的写作等
6	消费者服务与个人服务	关于向顾客提供服务内容的知识，包括评估顾客需求、达到服务质量标准、确定顾客的满意度等
职务准备		工作要求的任职资格
总体经验		需要从业者最少具备 2～4 年与工作相关的技能、知识或工作经验。例如，一个软件技术人员必须完成专科以上的大学课程并从事该工作若干年后，才有资格成为软件工程师
在职培训		从业者通常须具备几年的相关工作经验、在职培训和（或）职业培训
任职资格举例		这个大类中的许多职业都要求从业者能与他人协调，负责监督、管理或培训的工作。例如，会计师、人力资源经理、计算机程序员、教师、药剂师以及警察等
教育背景		除个别职业以外，大多数职业均要求从业者具备大学学历
排序	工作要求的智体能力	
1	演绎推理能力	将总体规则运用到具体问题中，并据此找出有意义的答案的能力
2	归纳推理能力	组合零散信息，从中找到一般规律或结论（包括在看似没有联系的事件之间找出相互关系）的能力

续表

3	对问题的敏感度	指出错误或有可能出现错误的能力。这并不包括解决该问题，而只是指发现该问题
4	会话理解能力	通过倾听理解单词和句子所包含的信息和思想的能力
5	口头表达能力	与他人进行交流，让人明白自己传达的信息和思想的能力
排序	工作方式和环境	
1	与他人的交流	该工作需要从业者经常与人打交道（面对面交流、电话联系或其他方式）
2	进行决策的自由	该工作可为从业者提供不受监管的自由决策空间
3	电话交谈	该工作需要从业者频繁进行电话谈话
4	结构性工作和非结构性工作的比例	该工作不允许从业者自己决定工作任务、优先顺序和最终目标
5	坐的时间	该工作需要从业者长时间坐着工作
排序	工作活动	
1	工作产出	操作计算机
2	资讯处理过程	做出决策，解决问题
3	资讯处理过程	对数据或资讯进行分析
4	资讯处理过程	更新并运用相关知识
5	资讯处理过程	组织和计划工作，并确定优先进行的工作
从业者追求的工作满足		
排序	职业兴趣	
第一兴趣	研究性职业	研究性职业通常需要工作者在工作中注入自己的理念，进行大量的思考。这类职业需要工作者通过研究找出事实，经过思考找出问题所在
排序	工作价值观	
1	成就感	满足此项工作价值观的职业看重工作结果，通过成就感的刺激，使工作者的能力得到最大程度的发挥。工作者的职业需要是才能的充分发挥与成功后的满足感
2	独立性	满足此项工作价值观的职业允许从业者自主工作和做出决策。工作者的职业需要是创造力、责任感和自主权
排序	企业氛围	
1	活动	该项工作的从业者随时都很忙碌充实
2	权力	该项工作的从业者需要指导他人
3	自我管理	该项工作的从业者在规划自己工作时很少受到监督
4	创造力	该项工作的从业者可以在工作中尝试他们的想法
5	责任	该项工作的从业者可以做决策并负责

案例分析

企业软件工程师招聘广告示例

某 IT 公司招聘计算机系统软件工程师，条件如下：

——大专以上学历，计算机相关专业。

——英语熟练，至少有英语四级证书；良好的英语文档阅读能力，简单的英语口语沟通能力。

——有良好的学习能力。

——为人忠诚、有责任心、诚信、自信、敬业、有团队精神。

——两年以上项目开发经验，担任过软件项目的需求分析、系统设计和数据库设计等工作。

——精通使用 Struts、Spring、Hibernate、iBATIS 等开发框架。

——熟练掌握 HTML、JavaScript、XML、CSS、Ajax、DIV、JSON 等页面技术，有 jQuery、Ext JS、Flex 开发经验者优先。

——精通 Oracle、MySQL、SQL Server 等相关数据库技术，并有相关开发经验。

——有 ERP 项目开发经验及大型项目架构经验者优先考虑。

分析：计算机系统软件工程师职业对专业知识及技能的要求比较高，如果有意从事该职业，可以在认真学习专业基础知识之余，多注重培养自身的学习能力、批判性思维、发现问题和解决问题等方面的能力。该职业在任职资格方面，比较重视职业资格认证。在校学生应充分利用假期或学习之余从事相关实习和兼职工作，以便积累实际从业经验。

2.2 专业、职业与行业

2.2.1 职业是否必须与专业对口

“我想找文案策划的工作，但是我学的是理科专业，很多用人单位招聘的文案策划岗位都要求是市场营销、广告、中文、新闻等相关专业的毕业生。”应届毕业生小杜告诉记者，虽然有些用人单位只是写着市场营销、广告等专业优先或者对专业没有特别要求，但要求有两年以上的工作经验，这让小杜这样的应届毕业生很无奈。小杜告诉记者，大学所学的专业并不是他喜欢的，大学阶段让他觉得很漫长，所以他希望能找份自己感兴趣的工作，但用人单位却对跨专业的毕业生们硬行设置了一个门槛——工作经验。另外，学校为了就业率等数据统计，也要求找工作时尽量专业对口，这让他感到为难。他苦着脸问记者："是不是真的必须要专业对口呢?"

案例分析

商务英语专业毕业的小陈同学，毕业实习期间在一家台资企业从事采购工作，和她在校的专业基本没有什么关联。实习结束后，她觉得那里的人际关系不太好处理，于是找了个机会跳槽到了太仓的一家德资公司。她应聘的依然是采购岗位。随着她在新公司的工作时间的增加，她的能力得到了很好的发挥，她的经理又给她安排了生产计划的内容，再后来她还兼做起了供应链管理的工作，短短四年，薪水也大幅增长。

小陈认为：应聘专业不对口的工作，所有求职过程都是一样的。要想清楚的是：自己想要得到的东西能否从这个公司这里得到？公司需要自己具备哪些能力？自己是否具有让公司得益的能力？而所有的动力就来自自己对该职业所具有的激情。一个对目标非常执着的人，没有什么事能难倒他。

分析：看到上面的例子，你是否开始不那么执着于"专业对口的工作"？学以致用固然是不错的选择，但是做自己喜欢的工作，即使它与大学所学专业无关，只要有从零学起的热情，也一样可以开创令人羡慕的事业。

与工作相关度较高的专业，如模具设计、数控技术等专业，一方面，专业性较强，毕业生掌握了更多的专业技能，在自己熟悉的领域更具优势，同时较高的专业门槛也导致其他专业的毕业生想要涉足这些领域的工作难度较大；另一方面，本专业就业环境较好，提供了较多的专业岗位，使本专业的就业相对容易得到满足。

反之，那些与工作相关度不高的专业如商务英语等，一方面，在对该专业学生的教育培养过程中，相对更注重综合素质的培养和思维方式的训练，虽然没有过强的专业性，但毕业生综合能力可能更强，更容易适应与所学专业不相关的工作；另一方面，本专业的就业环境不够理想，或者就业面过窄，或者毕业生供大于求的状况太严重，迫使更多毕业生不得不从事与专业不相关的工作。

因此，无论你毕业前就读什么专业，你的前辈们自会为你提供从事不相关工作的先例。所以，尽管抛开"专业不对口"的顾虑，大胆去争取你心中真正理想的工作吧！

2.2.2 就读专业的职业流向

某学院部分专业的职业流向如表2-3所示。

表2-3 某学院部分专业的职业流向

专业名称	排序	职业流向	专业名称	排序	职业流向
精细化学品生产技术	1	产品研发助理	装饰艺术设计	1	家居空间设计师
	2	工艺操作员		2	商业空间设计师
	3	工艺技术员		3	装饰工程施工管理师
	4	化学分析检验员		4	展示空间设计师
	5	行政秘书与行政助理		5	行政秘书与行政助理
工业分析与检验	1	化学分析检验员	广告与会展	1	广告策划师
	2	微生物检验员		2	平面设计师
	3	现场分析员		3	会展设计师
	4	实验室管理员		4	包装设计师
	5	行政秘书与行政助理		5	网页设计师
生物与化学制药技术	1	原药工艺操作员	艺术设计（影视动画）	1	二维动画师
	2	制剂工艺操作员		2	网站动画师
	3	工艺技术员		3	建筑动画师
	4	行政秘书与行政助理		4	影视后期设计
	5	药品销售员		5	角色设计
有机化工生产技术	1	工艺操作员	产品造型设计	1	工业设计师
	2	工艺技术员		2	产品造型设计师
	3	产品研发助理		3	产品设计开发
	4	行政秘书与行政助理		4	模型制作
	5	产品销售员		5	行政秘书与行政助理

从表2-3列出的部分专业毕业生前五位职业流向中，我们可以看到，与专业相关的职业选择还是占了绝大多数。你可以从中了解到，对毕业于某一专业的你来说，哪些职业是更常见的选择。但是我们也看到一些即使是专业性很强的专业，照样有很多毕业生从事的是行政秘书与行政助理、产品销售等工作，这证明了我们前面的结论：专业相关并不应该成为毕业生选择职业的枷锁。

需要提醒大家的是：别人的意见，只能参考，决定必须自己做！任何人不必也不应该拘泥于别人的选择，应该听从自己内心所想，根据自己的职业生涯规划，选择自己追求的职业，选择真正适合自己的工作和生活。

2.2.3 就读专业的行业流向

虽然大家都认同“三十六行，行行出状元”的说法，但同样也存在着“男怕入错行，女怕嫁错郎”的现实想法。在人人都可以纵横职场的今天，其实人人还是都怕入错了行。

职业是按劳动者的工作内容来划分的，行业是按雇主的产品和服务内容来划分的。从职业环境出发，你可以轻松地为自己规划出未来的蓝图，找到喜欢的工作。但是作为一生的事业，你还有更多的事项需要考量。比如从更高的角度俯瞰这个职业：它处在哪些行业里？我对这些行业了解如何？我的专业和这些行业有多少联系？

一旦你对一个职业有了更多的了解后，你就会发现，即使你决定从事某一职业，它仍有很大的选择空间。例如，你决定去做会计师，那么可供选择的行业会非常广泛，诸如制造业、零售业、金融业、咨询业等。同样，你还可以从用人单位类型的角度，考虑是否到国家的审计部门、企业的财务部门或者会计师事务所等单位工作。同样的情况在很多职业中都会出现，因此，我们需要对行业有一个全面的认识，让我们可以从更高的视角看清自己的未来。

下面我们从专业的角度，看看各专业的毕业生们都走向了哪些行业。我们不难发现，在实际就业中，行业的流向比职业的流向更加广泛，更不被专业所局限，并且不同行业流向的薪资水平差距不小（表2-4）。

表2-4 几个专业的行业流向

专业名称	排序	行业流向
	1	电力、燃气、公共环卫服务业
电气工程及其自动化	2	电子和电气设备及其零件制造业
	3	楼房建筑总承包商和修建公司（含安装和装饰）
	1	影视和影像业
动画	2	媒体和新闻出版业
	3	教育业
	1	仓储和物流业
物流管理	2	电子制造业和电气设备制造业
	3	交通运输设备制造业

综上所述，规划应该从职业做起。职业是个人的工作内容，而行业是企业的产品和服务内容。一个职业有时可以为多个行业所需要，所以行业间的比较尤为重要，比较各行业的差异对你的职业选择具有极大的指导意义。

2.3 薪资、雇主与组织文化

2.3.1 薪资

薪资，是大家都很关心的问题，也是一个特别敏感的问题。正如前文所说，虽然择业应该首先遵循自身的性格、能力，但是薪资也是做出抉择的重要参考，毕竟薪资很大程度上是职业成就的反映，也最直接地关系到我们自身的生活质量。

那么，如何去了解各个职业的薪资水平呢？

你会发现，自己喜欢和适合的职业恰好薪水很高，也许你又会发现自己的专业背景让自己在某一职业里拿到高薪的可能性更大……那么建议你去找你的师兄师姐，在了解他们薪资水平的同时，找到令你“窃喜”的满足和对未来的期待。

并不是所有高薪职业都必须与自己的专业具有很高的专业关联度，也就是说，专业即使不怎么对口，同样也会有机会获得高薪的职业。

同一职业里来自不同专业的毕业生薪资差距较大。专业关联度较大的职业，该专业的起薪自然会高一点，但是工作中知识和经验的积累会慢慢淡化专业基础的作用，最终能够获得多少薪资，还是取决于个人能力和工作表现。

了解了自己喜欢的职业薪资水平，看到自己专业的理想“钱途”，也就有可能拥有强烈的工作渴望和动力。

然而，要注意的是，薪资毕竟不是工作的全部，能从工作中收获各种兴趣上的满足与价值上的成就，应该是你收获的另一重要部分。所以，你应该更多地结合自己的能力与性格去选择职业，物质上的报酬只是你择业时参考的一个方面。

另外，也不必太担心自己喜欢的职业就业量不够大，报酬不够高，你应该相信“行行出状元”，只要自己踏实努力，在自己所喜爱的职业里，同样能够做得比别人好，获得丰厚的回报。反过来，即使适合你的职业就业量大，也并不保证你就能有更多的工作机会，即使适合你的职业平均薪资高，也并不保证你即刻就能得到相应的报酬。说到底，一切因人而异，收获更多地归因于你自己的努力！

延伸阅读

大学生择业观调查，薪资不再受关注

随着毕业季的临近，大学生求职大军已经整装待发，相比之前大学生被贴上的

“高不成低不就”的标签，近年来，大学生择业心态出现一些新变化，关心工资，更在乎职业前程；关心福利，更在乎住房，成为大学生的主流择业观。

一、工资待遇涨，“软福利”成亮点

交简历、谈待遇、现场面试……用人单位排满了校园道路，前来“淘工作”的求职者摩肩接踵，多所高校的招聘大会一度“爆棚”。

据记者观察，大多数招聘企业都开出了较好的薪资待遇，不少用人单位还现场更改了宣传牌上的月薪标准。一家企业当场提升月薪工资。企业招聘负责人告诉记者，来到现场后，看到其他招聘单位开出的条件都比较好，他们担心“不改待遇，没人来问”。

除了薪资待遇见涨，一些招聘单位还打出“软福利”招揽人才。有的提供公费旅游、年度体检、班车接送等，有的还给员工“举办集体婚礼”，还有家汽车制造企业开出了“内部购房、购车打折发油补、幼儿园小学一条龙”的诱人福利。

统计显示，参会企业提供给应届毕业生的平均待遇为 4 800 元，普遍提供社会保险等较为完善的福利待遇，提供薪酬较高的行业主要为 IT 技术类和通信工程类，部分岗位待遇可达到 8 000 元到 10 000 元。不过，统计也显示，与前几年大幅上涨相比，今年薪酬增幅放缓，大部分企业给出的月薪都在 4 000 元左右。

2. 关心“职业前程”，在乎“住房”

“我们刚刚步入社会，自身能力有一个提高的过程，工资待遇要求可适当降低，更看重招聘单位平台实力和今后发展前景。”现场求职的河北科技大学应届毕业生小高说，她周围不少同学都有这种想法。

相对于以往几届，当今大学生求职观念普遍更加务实，不再盲目追求高薪资、高福利，而是愿意从基础做起，更加青睐有实力的单位，更愿意选择“有奔头”的岗位。

2.3.2 雇主与组织文化

选择职业和行业，是对“做什么”的回答。而“谁将是你的雇主?”“这个企业的文化氛围如何?”等问题也是必须要细细思量的。

就像选择职业时，我们特别在意职业的具体环境一样，当决定是否进入某个组织（企业、事业单位、政府部门或非政府组织等）时，你也会在意该组织的环境，而组织环境的核心就是组织文化。它决定了组织的气质与氛围，并且将深深影响你的工作习惯和今后的职业发展（表 2-5）。

表 2-5　不同类型组织的制度、文化和发展前景比较

类型	组织（单位）制度	工作环境	工资待遇	发展前景
政府机构、事业单位	严格遵循国家统一规定的公务员管理和行政管理制度	工作无挑战性，工作对个人能力要求不高（虽然职位竞争激烈），个人业绩与收入基本无关	工资不高，福利较好，工作稳定	职业能力成长较慢，职位晋升机会较少等
国有企业	体制较为固定	工作环境较轻松，个人能力发挥有限，个人回报与个人表现有一定联系。	工资、福利和企业、个人业绩相挂钩。大型国有（垄断性）企业工资待遇较好。工作比较稳定	职业能力成长有限，晋升机会比政府部门多一些
民营企业	制度相对不健全，大型知名民营企业制度较好，小型企业制度多有漏洞；尽管有的企业制度有失科学性，但许多民营企业运转效率较高	工作辛苦，且有挑战性，能够充分发挥能力，个人回报与个人表现紧密相关；无成熟的企业文化	工资待遇一般，福利不够好，工作稳定程度不高	职业能力成长快，晋升机会多
外资企业	制度较健全，公司管理科学，特别是知名外企通常有严谨、规范的公司制度	工作辛苦，个人能力发挥有限，有独特的企业文化、良好的员工激励机制，人际关系较为简单	工资待遇和福利普遍较好，工作稳定	职业能力成长较快，中层经理以下晋升机会多，“玻璃天花板”使得晋升上层经理机会较少

案例分析

“临近找工作的时候，可谓雄心壮志，那个时候压根就没有想过要去民营企业，但真的到民营企业上班了，发现民营企业与自己想象中的完全不一样，这些企业在用人机制、考核方式、奖惩机制等诸多方面有着比其他单位更为明显的优势。”毕业仅仅 2 年的小宋已经是太仓市某模具公司的主要技术人员，小伙子凭借自己的工作热情和能力得到了公司领导和同事的认可和喜欢。

“我对现在的工作很满意，在这个地方不仅能够找到展示自身所学的舞台，更重要的是，公司良好的人际关系和轻松自由的工作氛围，特别适合年轻人成长，大家都能迅速融入这个环境，并在业务和个人素质方面得到了显著的提高。”小宋总是很高兴地评价他现在的工作情况。

其实，在老师向他推荐这家民营企业的时候，小宋心理上还是很忐忑的，自己也计划着先在这家单位工作一段时间再说，并不打算在民营企业工作一辈子。

然而，让小宋想不到的是，他上班第一天，公司就给他办理了规定的各种保险，还专门安排他和另一位同学参加了模具行业学费很高的培训，大幅提高了他们的模具设计及新设备操作的能力，他目前的技术水平远远超过了那些在大型企业中工作的同班同学。

“企业对待员工的态度和科学有效的管理方式让我们感觉到我所在的单位是一个有长远发展目标和美好前程的企业，在这样的企业工作对年轻人的成长很有好处，一点也不比其他地方差，而且更充实也更有干劲。通过这段时间的工作，我对公司及自身的发展充满信心。”小宋这样开心地说着。

分析：从表 2-5 和小宋的故事我们可以看到，其实不能简单地评价哪一类用人单位好或不好，不同类型的用人单位在文化和待遇上各有不同，但这种差异不是以优劣来划分的，而是各人心中自有定论。

国企与外企的待遇最为优厚，这两类企业在实际招聘中就更容易出现供大于求的情况。对于每一个求职的毕业生而言，既然同等职业条件下，外企与国企的待遇、环境最为优越，首选它们是很自然的想法，但是求职者也需要做好更充分的、迎接更激烈求职竞争的准备。

需要提醒大家注意的是，组织文化是择业很重要的考量因素，它不仅关系到大家工作的热情、心情和待遇，更会影响到每个人的个人成长、工作习惯和工作作风培养以及长远的职业发展等。因此，在到某个单位求职之前，了解它的文化和氛围，将是求职者必须要进行的一项工作。

“如果一个企业要想长期生存下去，并能形成自身的品牌和文化，就需要建立一套能够留住人才的机制，否则，就会成为毕业生的落脚点和跳板。”某公司人力资源刘经理认为，“企业要想留住人才，一定要努力地把企业办好，让员工感觉到企业有活力而且发展远景比现在更加美好”。

组织的发展前景、良好的组织文化、融洽的工作环境及与员工辛勤付出相匹配的薪酬是用人单位招揽高素质人才的首要条件，尤其是良好的发展规划和前景是很多高素质人才选择雇主时最看重的一点。

总而言之，选择雇主是择业中很重要的方面。文化、环境、待遇都是重要的考量因素，求职者应该基于这些内容具体分析希望就职的单位，不能死板地看待单位性质的分类，怀着“非某类单位不去”这样的偏执思想去求职。说到底，整个选择过程中，自我能力还是最重要的，因为越好的单位，就会有越高的门槛，只有做好充分的求职准备，才能增强你的求职竞争力。

延伸阅读

组织文化和人才机遇①

一、文化具有决定一切的力量

在职场中，“企业文化”这个词的出现频率越来越高，越来越多的企业开始设立品牌经理这样的岗位，以面向人才市场提升自己企业文化的吸引力，这说明许多企业已经充分意识到企业在人才市场的口碑，对于人才的择业有重要的影响。而行业之间和企业之间的竞争，归根结底是资本和人才的竞争。所以，企业文化具有决定一切的力量。

领英、智联招聘等很多职场社交网站或招聘网站都曾发布过类似于年度最佳雇主的榜单（表2-6），从职场人才看待雇主的角度，是评价企业文化的重要维度，但这并不是唯一维度。事实上，行业性质、商业模式、企业大小、股东风格、员工平均年龄及文化程度等都是影响企业文化建设的重要维度。

表2-6 2017年中国最佳雇主30强

序号	公司	序号	公司	序号	公司	序号	公司	序号	公司
1	宝马中国	7	百度	13	中国民生银行股份有限公司	19	德邦物流股份有限公司	25	广发银行股份有限公司
2	腾讯科技（深圳）有限公司	8	顺丰速运	14	戴姆勒/梅赛德斯-奔驰	20	凤凰网	26	中国东方航空股份有限公司
3	招商银行	9	中国第一汽车集团公司	15	京东	21	神州租车	27	青岛啤酒
4	万科企业股份有限公司	10	北汽集团	16	IBM	22	东软集团	28	阳光城集团股份有限公司
5	网易	11	碧桂园集团	17	海航集团	23	唯品会	29	杭州海康威视数字技术股份有限公司
6	中国人民财产保险股份有限公司	12	艾欧史密斯（中国）	18	新东方教育科技集团有限公司	24	中国南方航空股份有限公司	30	华夏幸福基业股份有限公司

企业文化对于个人的职业发展具有极其重要的作用，在企业和人才的双向选择中，造成了凡是愿意入职并接受这个企业文化的人，其审美和价值观都具有内核性的相似，而不愿意接受的人就不会入职或很快离开，最终将会对企业文化形成强化作用。所以，通过观察不同行业的人才的风格、不同公司的人才的平均工作能力，

① 村西边老王. 重构年轻人的精进指南［M］. 北京：中国友谊出版公司，2019：83－89.

就可以大致得出一个感观的认知，这就是企业文化强化后的效应。需要注意的是，在强化的过程中，企业文化中好的部分有可能被稀释，坏的部分有可能被强化，还可能增加更不好的部分，这无论对于企业自身发展还是对个人自身的发展都是巨大的挑战。

对一个企业来说，企业文化本质上就是老板个人审美和情怀的投射，基本上有什么样的老板，就会有什么样的企业文化。同样，一个企业发展的上限，取决于老板个人的见识和能力，而不是企业里其他人的能力，哪怕这个企业花再多的钱雇再有能力的高管，也不能抵消老板个人的能力和资源的限制。

我们经常会看到，处在同一个行业、同一条起跑线上，规模完全相同的两家企业，可能会在几年后拥有完全不同的发展成绩，除了所谓的运气这种不可知论的成分外，我们经过分析会惊讶地发现，这些都是老板的见识水平和整个企业文化所带来的影响。

在互联网行业，内容的价值已经被公认，除了腾讯能够依靠社交关系链这一优势，通过社交产品自发地产生流量外，其他互联网公司都需要提供服务或内容来聚合流量，而优质的内容就是产生用户黏性的最大保障。但是，同样是想要生产内容，因为每个老板自身的能力和局限，就会产生完全不同的发展结果。

从本质上来说，生产内容只有两个方法，一个是做内容平台，自己不生产，通过连接内容生产者和内容消费者进行内容分发。这个方法看似简单，却并不容易，因为要想做好内容平台，保证良好的用户体验，需要拥有非常好的产品能力和研发、算法能力，而这两种能力正是创业公司所缺乏的：一是大部分创业者自身不具有强大的产品和研发能力，二是好的产品和研发、算法工程师的薪水非常高，大部分创业者又没有资源去整合。于是，只剩下自己生产内容这一个办法。

另一个是自己生产内容。需要先把内容的方向选对，能够切中用户的痛点，方向对了以后还需要稳定、有价值的高质量内容输出，这是一个非常缓慢、非常辛苦的过程，需要非常多的内容生产者夜以继日地去长期运营。大部分创业公司既没有做内容平台的产品、研发和算法能力，也没有资源雇用大批量的内容创作者，他们只能选择雇三四个人来生产内容，妄想通过这三四个人来生产优质内容，产生用户黏性，最终的结局当然是以失败告终。创新能力是企业文化中关于人才观、上进心、老板的远见和做事的魄力的集中体现，如果一家企业能够长时间在整个行业内表现出非凡的创新能力，那它很可能最终成为这个行业的龙头企业。拥有创新能力的企业，基本上都是比较重视人才的，也大都能够吸引大量的创新型人才。而没有创新能力的企业，其创新型人才也会随着时间的流逝而不断流失，并最终不再对创新型人才有吸引力，陷入恶性循环。

二、企业文化的行业特性

企业文化和行业属性有很大关系。比如制造业是重资产行业，它的研发、生产对人才和硬件成本的损耗都很大，并且市场趋势变化多样，一旦市场预判失误，会造成大量积压，导致现金流出现问题，这些都会影响企业文化，使得企业文化更加谨慎和严肃。另外，制造业常伴有生产加工工厂，由于工厂里的工人数量多，很可能超过一家企业一半的员工比例，这就使企业在对待所有员工时，都会带有鲜明的对待工厂工人的特点，如五险一金的缴纳基数较低，有严格的出入厂区制度，等等。因为一家企业在管理员工时，很难做到把每类人群细分，只能针对占据企业员工数量主体的人群制定政策。

再比如服装、珠宝、餐饮这类行业，呈现出科技依赖度较低、劳动密集型、主体员工文化水平不高的特点，使得行业整体的企业文化都不重视人才建设，在人才观上往往以节省人力成本、压缩员工正当权益来提升净利润率，如不为员工缴纳五险一金等，这使得更高层次的人才即使想进入这个行业，也很难被企业区别对待，这也就变相阻碍了行业对优秀人才的吸收。

行业发展的历史对行业内企业文化的建设也有重要影响。在中国，互联网行业被普遍认为是一个朝阳行业，扁平化管理，创始团队持股，表现好的员工有股票或者期权等，这些都已经成为互联网行业普遍的企业文化标配。一方面，互联网行业是一个重视产品和研发的行业，研发人才的高素质、高学历拉高了整个行业的薪资水平；另一方面，互联网行业早期的那批创业者，大多数拥有海归身份，他们从国外带来互联网风险投资的资本模式，也带来了国外互联网公司的企业文化。这种学习包括商业模式、人才引进，以及对待人才的态度和整体的企业文化，而这种锐意创新和重视人才建设的企业文化，又反过来促进了中国互联网产业的飞速发展。

三、企业文化才是人才最大的机遇

分析一个人成功的因素有很多，家庭的支持、时代的机遇、商业的眼光、所能利用的资源等，但很少有人会去分析企业文化，或者说一个行业普遍的文化特性对于人才本身的重要性。在所有成功的元素中，人永远是第一位的。因为事情是人做的，而文化是人形成的，组织是人构成的，再伟大的事业也都是人干出来的。

正如你不能让迈克尔·杰克逊去打拳击，不能让拳王阿里去跳舞一样，只有从事自己热爱并擅长的事情才有可能成为天才，否则天才也会变成庸才。同样，对待事业也是这个道理，也许有表现欲的人不适合当公务员，却适合当演员；数学不好的人做不了算法工程师，却适合做销售管理。

和学习成绩、父母的职业、所学专业这些相比，性格更是一个能影响命运的要素。人与人之间其实并不存在互补，也许在客观上有专业技能的分工和配合，但从本质上来讲，要想建立长久的亲密关系，都需要互相欣赏且相互需要。即使性格上一静一动，但这只是表面的张扬和内敛，其内在审美和价值体系的一致性才是可以长期合作的文化基础。而所谓的企业文化和人才之间的相互吸引和留存，老板和人才之间的相互吸引和留存，也是一样的道理。

很多人认为钱多、事少、离家近的工作是好工作，如果单纯从付出和收获的性价比来看，是有一定道理的。但是，一个人如果能在和自己的价值观相匹配的公司工作，并由此真正获得收获和进步，不管是能力的进步还是财富和积极的上升，这种快乐绝不仅仅是钱多、事少、离家近这样的性价比所能比拟的。

【思考题】

1. 参照会计员和软件工程师的职业环境实例，学着编制自己未来心仪职业的职业环境。

2. 结合一个你了解的案例，谈谈你是如何理解所学专业与将来职业的关系的。

第三讲 求职策略与指导

亲爱的同学，还记得有这样的一段话么："成长是一个行动的过程。不做空想的伟人，要做行动的巨人。等待幻想的机会只会浪费我们的时间，唯有积极的行动才会创造出许多意想不到的机会。每一幢摩天大楼都是由一层层叠成，每一件大事都可以分解成一个个细节。当我们做好了身边每一件小事，自然也就做成了大事。细节决定成败，行动成就未来。"既然已经明确了自己的求职方向和职业选择，那么为什么不现在就行动呢？我相信，当你把目光聚焦于求职的具体过程，智慧地应对每一个细节，相信你一定会夺得职场先机！

玉兰枝头俏，争得春光早，亲爱的同学，时不我待啊！

3.1 求职策略

3.1.1 最佳求职时间

求职是一个身心煎熬的过程，需要花费大量的时间和精力，经历数次招聘会、笔试、面试之后，你才可能得到心仪的职位。

一般而言，大多数毕业生都会花费 1 ~6 个月的时间为未来的职位奔波。不过既然你将来每天 8 小时、一周 40 个小时都在和你的工作打交道，并且要把你的才智、精力和热情投入其中，那么现在多花点时间和心力寻找与你最"配对"的工作，还是非常值得的。

那么，究竟从何时开始求职是最合适的呢？越早越好吗？当然，"早起的鸟儿有虫吃"，你提前付出的努力必然会得到回报，但是毕竟离校前最后一个学期的生活重心不只在求职，很多现实的压力都会分散你的精力，因此，我们应该寻找一个效率最高的求职开始时间。

“提前找工作，可能会耽误正常的学习，专业能力会受到影响，学校必要的就业能力培养也还没有到位，反而造成就业率不高。”这是一般学校的一种较为普遍的说法。也有人担心，找工作的浮躁心理甚至会延续到更低年级，学生静不下心来学习，也学不到必要知识。

并非只有学生急着找工作，企业也急着选人才。“好的学生都被招完了，我们就只能选不好的了。”很多公司则纷纷要求提前到校招聘。

每年的毕业实习季，也就是企业的校园招聘季，各种规模的招聘会都会在各个学校举行。由于现在各校普遍采用“校企合作培养人才”，所以很多学校按照共同培养的计划把学生们推荐到相应的企业中去定岗实习，当然也有一部分学生则要通过诸如招聘会等渠道落实自己的实习岗位。学生在毕业实习期间接受学校和企业的双重管理和指导。

结合多年来的就业指导经验，我们认为：学生如果太早找工作，一些已经找到工作的学生一旦看见学校推荐的很多岗位都比自己找到的要好，就会很不甘心，结果又会去应聘他们觉得更好的岗位，导致频繁毁约，影响自身和学校的形象。不仅他们的就业竞争压力丝毫没有减弱，反而在一定程度上还加大了就业难度，造成了虚假的就业危机。所以建议大家安心学习，保持平静的心态，只有利用业余时间了解就业形势，获取相关信息，渐进准备，才会取得较好的效果。

我们认为：求职不是开始时间越早，就业率和薪资就越容易得到保障；毕业实习离校前的1~2个月开始选择定岗实习岗位是最佳时机。在学校的帮助下，1~2个月的充分准备不仅可以帮你规避失业风险，对薪资水平的提高效果也很明显。当然，还是有毕业生喜欢提前半年以上或毕业之后才开始正式求职。

基于高职毕业生的特点，建议毕业生们在毕业定岗实习时认真选好岗位，并尽量能够使之延伸成为自己毕业后的就业岗位。这样可以减少就业成本与时间成本。

3.1.2 选择求职地区

又到就业季，毕业生们面临就业去向的选择。究竟哪个城市是自己心仪的呢?

优先考量发展前途是选择就业地区的首要标准，而这一点基本上已成为毕业生的共识。

应届大学毕业生对就业城市期待较高，但也有大部分的应届毕业生到地级城市或县级城市去就业。

根据《2021年上半年大学生就业报告》显示，不同等级城市简历投递数据，2021年一线城市简历投递量较2020年明显下降了将近10%左右，新一线城市人才吸引力赶超一线城市，位列第一，天津、郑州持续升温；另外，二线城市求职热度明显上升，简历投递量从 2020 年的 11. 8% 提升至 16. 9% 。

从不同经济区域简历投递数据上看，京津冀与长三角依旧是人才发展首选，但相比之下北京人才吸引力下降，天津的人才吸引力上升；珠三角与成渝双城经济圈简历投递量有明显提升，与北京、上海相比，广州更开放的引才态度、更宽松的落户条件、更低的房价和生活成本吸引了更多毕业生前往。

从不同城市简历投递占比来看，北京市、成都市、广州市成为年轻人最受欢迎的就业城市前三名，除此之外，上海市、杭州市、重庆市、昆明市、武汉市、西安市、郑州市也成为了越来越多的年轻人的就业选择（图 3-1）。

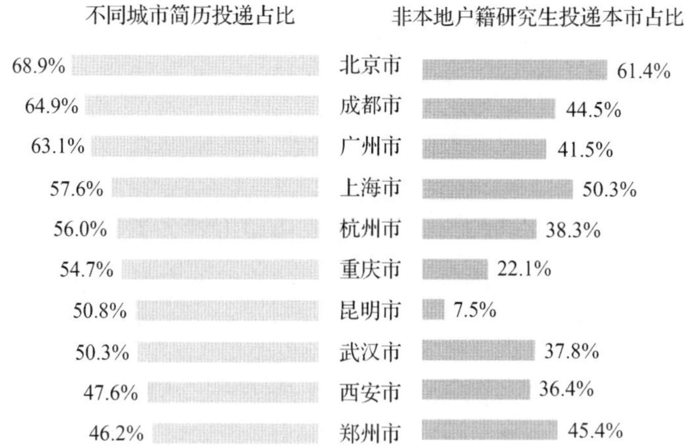

图 3-1　不同城市简历投递占比

从不同地区职位量及行业需求变化来看，京津冀人才需求量最大，增长点主要集中在交通运输/仓储/物流、医药/医疗行业；成渝双城经济圈建设带动市场招聘需求大幅增加，其中生活服务、农林牧渔需求明显增长。

从不同城市职位发布量和竞争指数上看，北京市、上海市、广州市、深圳市等一线城市人才需求量依然很大；而重庆市人才需求超过广州市，与上海市比肩；成都市、天津市、西安市等新一线城市就业竞争较为激烈，求职难度较大（图 3-2）。

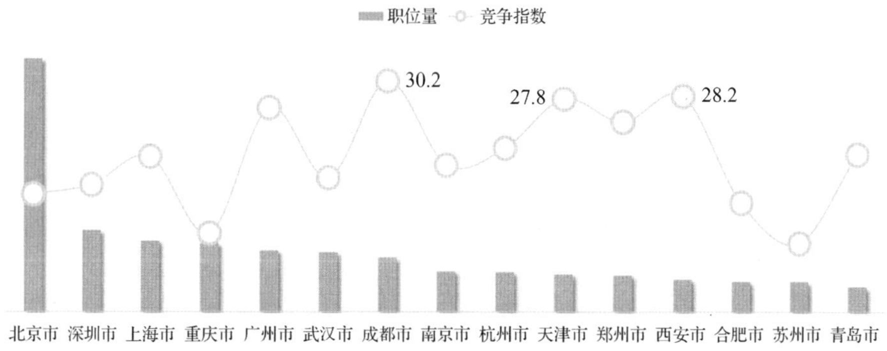

图 3-2　不同城市职业发布量和竞争指数

从薪资涨幅上来看，北京市、成都市、上海市等这几个求职热度较高的城市，虽然岗位起薪相对高些，但是薪资涨幅有限；而合肥市、郑州市、苏州市等新一线城市薪资涨幅较为明显，未来职业发展前景可期。

每一个人都有自己的职业理想，但并不是每个城市都能实现我们的职业理想。很多人在择业时，对于去哪个城市工作都是早就想好的，有时甚至把城市的选择放在职业的选择之前，只要让他在心目中的城市工作，做什么都无所谓。这种想法是很有害的，一个人的职业理想和他的核心职业竞争力是紧密相关的。

作为一个求职者，是你去适应你工作的城市，而不是城市来适应你，所以，当我们在做出选择的时候，就要考虑这个城市的特色和发展状况，自己能否在这里实现自己的梦想，能否适应这里的一切等问题。所以，毕业生在择业时，一定要考虑到底哪个城市比较适合自己。可以从以下几个方面考虑。

1. 经济结构

每个城市都有自己的经济结构，它决定了这座城市对各类人才的吸纳能力，而且每个城市的经济结构不会轻易改变。比如杭州的旅游业在经济结构中历来处于中心地位，所以对旅游专业人才的需求量相对比较大，那么这类人才在这里的发展机会就比较多。打个比方，就像一个重工业专业毕业生去一个轻工业城市，肯定不会有太大用武之地。

2. 城市文化

一个城市的城市文化是保守还是开放，直接影响着她对外来者的接纳程度。一个完全开放的城市在各个行业都会对外来人员敞开大门，而相对保守些的城市本土化思想就会多些，在某些行业的用人上就会倾向于本地人。

3. 城市发展状况

一般来说，一个城市经济越发达，竞争就会越激烈，所以那些喜欢挑战，适应能力强的人比较适合去发达城市；反之，去一些竞争压力较小的中小城市比较好。

所以说，在择业时，大城市未必一定好，小城市也不一定就不好，只有合适的才是最好的。

只要能发挥个人所学所长、对国家和社会有所贡献、对他人有所帮助、能体现人生价值的工作都是好工作。因此，对于仍在求职中的应届毕业生，要积极调整就业观念和心态，主动向学校、老师、同学等了解就业信息和求职技巧，按照自己的能力努力求职，相信付出必有回报，最终一定能找到适合自己的“好工作”。

密歇根大学前校长詹姆斯·杜德斯达（James Duderstadt）这么说过：“有句老话说，大学教育的目的不是为学生的第一份工作做准备，而是要为他们的最后一份工作做准备。”这个说法依然很有道理。毕竟，大学教育就应该让人为生活做准备，事业也只是人生的一个经历而已。

知识链接

近日，国务院批复同意《长江中游城市群发展规划》。在长三角、珠三角、长江中游三大城市群之外，京津冀城市群和成渝城市群也将进入国家级城市群编制。

长江中游城市群 31.7万平方千米的面积，顶得上400多个新加坡。湖南、湖北和江西三省的很多城市均被覆盖，重点城市尤其如此。我们可以预测，未来强化武汉、长沙、南昌的中心城市地位的步伐必将加快。从国务院的定位可以看出，未来长江中游城市群无论是对加快中部地区全面崛起、探索新型城镇化道路，还是促进区域一体化发展都有重大意义。

长三角城市群 2010年，国务院批准了《长江三角洲地区区域规划》，包括上海市、江苏省和浙江省，占国土面积的2.19%。根据规划，长三角以上海为核心，区域内25个城市被分为核心区和辐射区。目前，长江三角洲城市群已成为中国城市化程度最高、城镇分布最密集、经济发展水平最高的地区，并已成为国际公认的6大世界级城市群之一。

珠三角城市群 2008年12月，《珠江三角洲地区改革发展规划纲要（2008—2020）》正式发布。珠三角城市群以广东省的广州、深圳、珠海、佛山、江门、东莞、中山、惠州和肇庆市为主体，辐射泛珠江三角洲区域，并与港澳紧密合作。2021年，珠三角9个仅占全国面积0.57%的城市却创造了全国约10%的GDP。

京津冀城市群 《京津冀都市圈区域规划》是国家“十一五”规划中一个重要的区域规划。规划按照“2+8”的模式制定，包括北京、天津两个直辖市和河北省8个次中心城市。2014年2月26日，习近平提出京津冀协同发展战略。随后，加强环渤海及京津冀地区经济协作被写入同年政府工作报告。

成渝城市群 以2011年获批的“成渝经济区区域规划”为依托，横跨四川省和重庆市，以成都、重庆两城市为核心，包括四川省内11个城市以及重庆整个地区。在国家层面，成渝城市群已纳入了长江经济带的发展规划中。

此外，《国家新型城镇化规划（2021—2035年）》指出，城镇化是现代化的必由之路，是保持经济持续健康发展的强大引擎，是加快产业结构转型升级的重要抓手，是解决农业农村农民问题的重要途径，是推动区域协调发展的有力支撑，是促进社会全面进步的必然要求。

延伸阅读

一个北漂的故事

这不是我的故事，这是我同居室友小张的北漂故事。

小张毕业于中部某工科大学的法学本科，2007 年毕业时被男朋友的哥哥忽悠到了北京，开始了北漂生活。那时没有手机，没有电脑，没有钱，来到这个城市时一无所有。

小张的第一份工作是在一家报社做编辑，月薪 700 元。她有一次最为“奇葩”的经历就是：有一天，一部门领导要报道他们的亲民事迹，让小张去跟踪报道。小张坐上他们的面包车，结果该领导说，你又不是我们的人，你坐这个车干什么。小张只好下车，跟着他们的车跑了几十米。她下班之后气得大哭了一场。

她的男朋友小谢的第一份工作是律师助理，月薪 1 500 元。当时两人住在她男朋友哥哥家里，待了两个月，小两口被赶了出去。那时男朋友也失业了。为了节省经费，租了一间租金不到 500 元的平房，期间小谢倒卖过各种物品，后来换了一家房地产传播企业，那时每月 2 500 的收入。小张同时也跳槽到了一家公关文案公司，月薪 3 000 元。小张现在回忆起那段往事，心里特别开心，觉得当时从 700 元一下子涨到 3 000 元已经相当满意了。

在公关文案公司工作的日子里，小张深深感受到了什么叫两极世界。同事 A 说，下周要不要去马尔代夫玩，同事 B 就会凑过来说，马尔代夫某个岛屿某条街的某个酒吧的某年的酒特别好喝。同事 C 会说下班我去美容院，有个美容师做的美容特别好，要不要一起去。她觉得自己跟她们一句话都搭不上，所以很不开心。

小张几次想换个地方，但后来还是放弃了。她觉得，别人工作只是玩票，而你是为了谋生。如果你意气用事辞职的话，赖以生存的工作都没了。所以，在“忍”与“滚”之间，她选择了“忍”。

两年之后，小张经过努力，考上了研究生，成了我的同居室友。三年里，她完全靠各种兼职努力挣钱，日子倒也过得风生水起。也许因为平台不一样，硕士有很好的实习机会，一年能攒 5 万块钱，经济情况也渐渐好转。后来她的男朋友小谢也考上了研究生。

小张毕业后，工作依然很难找。全国巡回考公务员，花了好几千元的路费。最后终于考上了一个东部省会城市的公务员。小谢也功夫不负有心人，幸运地挤入了某央企海外部门。

昨日，小两口请我吃饭。我老抱怨工作不开心以及诸事不顺的种种“奇葩”经历。他们说起自己这些年的辛酸经历，在一起的九年时光，大学期间的懵懂和北漂过程中的艰难，以长者的口吻告诉我两点：一是人生就是一场马拉松，你吃的苦多了，估计后面的幸运就会多；二是有规划的生活，也许可以少走很多弯路。

听着他们的故事，我的不顺利简直算不了什么。

我问小张一个问题，对于当初来北京后悔了么？

她说，当时真的什么都不懂，连毕业都不知道要怎么找工作，他哥说来北京就来了。也许当初早清醒一点，认真在中部城市找一份稳定的工作，生活也许是另一番风景，只不过他们当时太傻、太天真。

这是我知道的一个真实的北漂故事。不过过几天，他们就要离开北京了。他们的幸福生活才刚刚开始。九年的感情还面临着异国恋、没房没车没存款、家里也不能给出半点资助等现实问题。但我相信，不出两年，他们一定能过得幸福安乐。

3.1.3 拓宽求职渠道

所谓求职渠道，就是搜索就业信息以及求职路径。对渠道进行分析的目的是尽可能地抓住一切就业机会并把自己的资源充分利用起来。

常见的求职渠道如下：

一、招聘会

目前的招聘会主要有两种。一种是大型综合招聘会，一般选址在大型的展览中心、体育馆。众多类型公司到现场发布用人信息并与求职者见面。大型的招聘会一般每季度或每半年举办一次。另一种是规模比较小的专业人才招聘会，一般由一所或几所学校组织，参加的用人单位都是来自特定的行业。

招聘会对毕业生来说可以缩短就业“距离”，可以更加全面地了解公司情况。但是招聘会通常人多拥挤，无法知道公司实际招聘的职位详情，短时间内也无法展示自己。要提高成功率，参加招聘会要注意以下几点：

（1）全面了解，重点选择。面对众多企业和拥挤的人群，要选择目标企业，有的放矢。

（2）穿着得体，注重礼仪。打扮整洁，把简历等个人资料放在方便取用的文件夹内。在和招聘人员谈话时，要心平气和，不要让杂乱的人群影响你的心情，要语言文明，正确介绍自己。

（3）简明扼要，直截了当。学会用最短的时间，最有效地表达自己。

二、学校就业服务中心

学校就业服务中心（也称学校就业指导中心）是各个学校毕业生求职的一个重

要渠道。它的优点在于针对性强，与专业相关的职位信息丰富，所介绍的企业和学生们的学历、素质、技能等关联度高、岗位适应度强。同时，对比现场招聘会，竞争对手相对少一些（各高校限制外校学生访问就业网）。缺点是提供的职位受专业限制较为严重，获取的信息局限于本校范围之内。

三、报纸杂志

在报纸和刊物上寻找职位信息是最传统和最常见的求职方式之一。刊登求职信息的报纸杂志一般也分为三种：一类是专门的人才招聘类报纸，比如人才市场报等；另一类是大众类报纸，比如《北京青年报》《南方都市报》《新民晚报》；还有一类是杂志，有些杂志常常也会刊登一些用人信息。

四、网络

网络求职信息量大、成本低、方便快捷，但竞争对手多。网络求职应注意防范网上求职骗局。求职者为了防止网上诈骗，一定要登录正规网站，可能的情况下，可通过熟人或电话，仔细核对用人信息。一般正规网站在刊登人才需求信息时，都会仔细验证招聘单位的真实性，或搜索拟求职的企业网址，他们一般也会在企业网站上发布招聘信息。

五、社会关系网

通过社会关系或熟人推荐，是一种较为有效的求职方法。毕业生可以通过家长、亲友、老师或校友，了解就业信息，获取就业机会。

六、实习单位

利用实习来找工作是成功率最高的求职方法。在企业实习时，要正确展示自己，发挥自己的优势，克服自己的不足和不良习惯，把优秀的自己展示给实习单位。从实习单位获取就业信息，相对来说，命中率高、竞争对手少、目标明确且针对性强。但是对个人要求比较高，短期内无法达成，需要长时间的准备及规划。

七、个人创业

创业是目前解决我国就业问题的一种有效手段，也是国家重点扶持和鼓励的。根据教育部的要求，各地已经开展创业培训，一些学校还制定政策，对创业者给予奖励。

八、主动求职

主动求职竞争对手少，针对性强，一旦获得青睐，则容易成功。但要求求职者沟通能力强、拥有勇气等，且要能经受住打击。主动并不是说随便哪个公司都可以去，如果拿不定主意，可以事先调查，看公司的人事部经理是否欣赏具有主动精神的人，因为有些人事部经理更欣赏踏实、不爱出风头的员工。

案例分析

小伍是一所高职院校信息技术系的毕业生，由于学校没有名气，同学们都纷纷找一些中小 IT 企业去竞聘。而小伍却拿着自己的求职信和成果，想方设法来到了联想科技有限公司人力资源部经理办公室，认真介绍了自己的特长和优势，最后被录用了。

分析：不要在意你心仪的企业是否在招聘，大胆地敲开他们的大门，他们不会在乎多招一个有胆识且自信蓬勃的年轻人。面对面地与企业的领导或你希望进入的部门的领导交谈，你就已经同所有的求职者不一样了。求职渠道不是单一的，寻觅一个与众不同的求职渠道，同样能获得成功。

九、求职团队

求职团队，顾名思义就是为了共同的求职目标而组建的一个团队，这个团队的成员共享求职信息，共同以一个团队的形式应聘目标单位。

十、曲线求职

曲线求职，是一些大学毕业生面对目前庞大的就业大军，感到自己的学历不高，综合素质还需提升，便通过继续深造获得更高的学历后再就业。例如，高职生毕业后考入本科继续学习，本科生毕业后，考取研究生继续学习。这样，由于起点高，准备时间充裕，可以相对容易地找到较为理想的工作。

案例分析

小王的求职信息收集技巧

小王从找工作开始，就一直关注校园招聘会的信息。她通过高中同学，拿到了好多学校就业网登录的账号和密码，并且跟一起找工作的同学商定，每天“互通有无”，相互提醒有哪些重要的招聘会，这样就可以将所有能够知晓的校园招聘会信息尽收眼底。

小王每天晚上必做几件事情：

（1）在本校就业网上查询第二天的招聘会信息。查询内容包括招聘单位、时间、地点、需求职位、职位要求等。

（2）登录外校就业网，查询该校第二天的招聘会信息。

（3）打电话、发短信询问一起找工作的“盟友”第二天的招聘信息，以防自己疏忽大意漏掉重要信息。

（4）比较多个招聘信息，根据自己找工作的目标，决定第二天去哪些招聘会。

通过这种缜密的信息搜集办法，小王没有错过任何一场自己想去的招聘会，获得了很多好的应聘机会。不到3个月，她就通过校园招聘会拿到了一家著名外企的录用通知书。

分析：如果你在每个学校至少找一个同学做自己的“线人”，随时了解各个学校的招聘会信息，那么你就会获得比别人多得多的好机会！

知识链接

常用的部分求职网站

智联招聘网：https://www.zhaopin.com。

卓博网：https://www.jobcn.com。

36招聘网：https://www.36.cn。

中华英才网：https://www.chinahr.com。

中国高校就业网：http://jiuye.cnzsedu.com。

Job168网：https://www.job168.com。

前程无忧网：https://www.51job.com。

人才热线：https://www.cjol.com。

猎聘网：https://www.liepin.com。

搜狐求职频道：https://hr.sohu.com。

外语人才网：https://www.jobeast.com。

BOSS直聘：https://www.zhipin.com。

3.2 求职成本与现实问题

3.2.1 求职成本

随着就业形势越来越严峻，毕业生们为了能够给自己找到一份比较满意的工作，不仅“里子”“面子”不少，就连“票子”也都在水涨船高，和当下世界下行的经济有着完全相反的走势，丝毫没有一点经济不景气的样子。

北京大学三年级女研究生小张，为了能给用人单位留下比较好的第一印象，不惜花费上万元购置了一套专用于求职的门面装。更令她意想不到的是，在短短7天时间里竟有20多名同学向她借衣服去参加面试。

众所周知，北京大学在国内乃至国际上都属于知名大学，它的毕业生就业本应该不成问题，但小张的这种做法却明白地呈现了这样一个事实：在就业面前，不管你是天之骄子还是穷学生一个，求职成本是绝对省不了的。

那么究竟是哪些花费组成了毕业生们的求职成本呢？

求职花费统计起来大致分为以下四种：

1. 自我形象塑造

为了让用人单位能够对自己“一见钟情”，毕业生们往往在个人形象，也就是“面子”上下足功夫。职业装、皮鞋、化妆、发型、配饰和精装简历等都精雕细琢，有的同学还专门定制了印有“头衔”的特色名片，大打“学校牌”和“干部牌”，力求给对方留下深刻印象。这一身令人赏心悦目的“行头”，都是靠“人民币”堆砌起来的。

2. 报名考试

无论是在校期间还是毕业之初，许多同学都会选择参加诸如英语四六级考试、计算机应用能力考试和各类职业技能考试，获取各种证书，加重自己的就业砝码。由此带来的购买参考书、参加辅导班、考试报名费等支出累计起来，也是一笔不可小觑的开支。

3. 参加招聘会

每年的毕业求职季，各种各样、大大小小的招聘会层出不穷。毕业生们为了给自己寻得更多的求职机会，给自己觅得一份比较心仪的职业，“串穴”面试对他们来说早已习以为常了，而随之发生的通信费、交通费、用餐费、住宿费等费用，又是一大笔支出。

4. 人脉交流

俗话说，在家靠父母，出门靠朋友。在求职过程中，毕业生们请别人帮自己找工作，必要的人情往来也是在所难免的。

一般而言，毕业生们总求职费用的80%左右是花费在自我包装和参加招聘会的各类支出上。

在求职过程中，必要的简历制作费、交通费、信息费、通信费是必不可少的，这些都是获取求职信息、推荐自我、访问用人单位、获取职位的前提。但对于像“个人名片”、服饰、美容、请客等方面的费用，建议大家不要攀比，要量力而行。

案例分析

一个大学毕业生的“求职账单”

小刘毕业于电气自动化专业，从大二结束时开始求职，目前已经在上海的一家电器生产企业就职。以下是她的一份求职账单：

从2018年6月到9月，她只是光顾学校组织的几个招聘会，求职花费只是简历复印费用，每份在3元左右，投出了大约十余份。

在网上投了近百份电子简历后，10月份收到苏州一家企业的面试通知。去苏州花费往返路费200元，两天的住宿200元，餐费100元。

11月收到南京一家企业的面试通知，只花费了往返路费200元，食宿都由南京的同学帮忙解决（住在南京师范大学的女生宿舍里，吃食堂）。

参加了电气工程师的资格考试：报名费100元；辅导书籍、资料费500元；考试培训班学费1 000元。

参加了上海市内举行的大型招聘会三场，于12月签约成功。因为是免费入场，每次只花来回的车费及简历复印费，加上吃饭的费用，三次总计接近1 200元。

期间因求职所花费的电话费100元左右，主要是与外地的用人单位电话联系产生的长途话费。

分析：按照小刘提供的这张求职账单，她的求职花费估计在3 500多元。据她所说，在同学中，她的求职花费也只能算是中等水平。比如到三星公司面试时，要求着正装、化淡妆，小刘的服装是向在银行工作的表姐借的，她的简历是最普通的A4纸复印的黑白简历，自己制作，没有彩页。小刘说，她所投放简历的招聘单位都是经过认真了解的，从不随意乱发，整个求职期间一共只发出了20多份。另外，还有徐州、常州和镇江的三家单位向她发出面试通知，在左右权衡下也放弃去面试了。

“如果像我们有些同学那样，有招聘会就去，有面试机会都不错过，到处发放求职简历，那花费五六千元也不止。”小刘说。

求职是劳心劳力又耗财的过程，建议毕业生们在求职前不仅要做好充分的心理准备，而且也要对整个求职过程做一个合理的规划，包括求职的经费预算。

延伸阅读

如何降低求职成本

一、对于求职成本的几点看法

一些经济发达的省市，因为企业众多，职位充裕，且信息畅通，所以求职成本相对较低。

一些相对优秀的院校，毕业生求职成本反而较高。主要是这些院校的学生相对比较优秀，他们对自己的职业期望值也较高，求职态度积极主动，但易挑挑拣拣。

专业是影响求职成本的一个主要因素，理工科类专业由于专业性较强，所以求职成本最低，其次则是那些热门专业。

总的来说，毕业生求职需要的投入（时间及经费）并不太高，“广撒网”的求职方式并非最为有效。如果你能根据自己的职业规划瞄准既定的职业岗位，“精确指导”，那么肯定会事半功倍。

影响求职成本的因素是多方面的，你既需要综合评估自己所处的客观环境（求职省市，是否到异乡求职）和自身条件（学校和专业），还需要考虑自己的职业预期。因此，你不仅要做好经费准备，更要做好心理准备：你的求职道路与他人相比或许顺利或许坎坷，但无论怎样，你应该始终保持信心，积极进取。

二、降低求职成本的几个建议

1. 保持良好的心态

良好的心态是成功的关键。一方面，要准确定位，选择适合自己的工作，集中精力，有的放矢，反对“海投”；另一方面，不要盲目与周围的同学攀比，对自己的求职预期要合理设定，不能太低，也不能太高，真正做到“精准”。

2. 明确求职目标

想好自己最想做什么，然后集中精力为这个目标做准备，不要为了那些与目标不相关的招聘而分散精力。

3. 选择合适的渠道

利用学校发布的就业信息、媒体信息或者网络信息，这些应该是成本最低的求职路径。通过学校的就业信息平台以及各类专业的招聘网站，登记求职信息或者投简历，不仅可以有机会接受更多企业的挑选，而且也可以拥有更多的机会挑选企业。

4. 不要随便毁约

毁约是要付出成本的，而且成本还不低，并且诚信的损失对你职业生涯发展的影响会更大，这就是所谓的“隐形成本”。

3.2.2 几个无奈的现实问题

一、可望而不可即的城市

陈某是一名应届毕业生，本打算和上海的一家德资企业签约。但是他粗略计算了一下，上海住宿最便宜一个月 2 000 元左右（合租），吃饭每月大概要 1 500 元，每月市内交通费 150 元左右，加上其他日常生活消费，在上海每个月至少需要 4 000 元的生活费（最基本的），这对于一个来自边远农村的寒门学子来说，实在难以承受，只能放弃。最后，他选择了和学校边上的一家德资企业签约。

由此可知，如果要到异地求职，你可能需要准备更充足的资金，因为在外地求职的花费比较高，一定要量力而行。

另外，自古以来就有“父母在，不远游”的说法，这样的传统思想也往往会阻碍大学生们离家在外就业。

在绝大多数情况下，大学毕业生往往以自己的家乡或大学所在地为“据点”进行求职，一方面，在求职期间能够获得更加充分的求职信息，降低求职成本，容易就业；另一方面，因为拥有亲友、老师、同学、校友等广泛的人脉，而更加有利于未来的发展。

二、让自己不自信的专业

来自农村的小李是在高考录取志愿时被调剂到了不是她所向往的专业，这让她一直很不自信。她自知家境不富裕，也没什么人脉，所以，一进入学校，她就非常认真地学习，除了取得英语四级证书外，小李还取得了计算机等级证书、普通话等级证书，甚至跨专业报名考了导游证，“只要是能够参加的考试，我都想去考”。

为了考证，小李不仅向亲戚、同学借钱，自己也做了兼职，临到离校时，她手中的证书有一叠。在最后这半年多四处奔波的日子里，凡有招聘会小李都会参加，光赶招聘会的路费就花了好几百元，但是小李并没有找到自己如意的工作。

延伸阅读

如何正确对待招聘会？

1．去招聘会的目的是什么？

去招聘会不仅仅是寻找空缺的职位，还能调查公司的情况，看谁在招聘，练习面试技能以及练习与人交流的技能。

2．去招聘会前应准备什么？

（1）备好名片，以便你有东西可交给公司代表及其他求职者。

（2）制作并润饰简历，并带上多份整洁、清晰的复印件。

（3）找出你想要洽谈的5～10家公司。浏览一下招聘公司的名单，这将帮助你选出公司，并能事先进行调查。在理想状况下，你还能找出它们的竞争对手。

（4）酝酿60秒的自我介绍。概述你的经历、技能、个性、寻找新职位的原因以及目标职位。人家首先注意到你的出场，其次就是倾听你叙述的内容。

（5）设计成功故事。根据以往的经历，表明你如何解决问题、处理困境及应对挑战。

（6）你需要更多地了解招聘公司，并向公司提出一系列问题。（聘用后，我在公司的发展路径是怎样的？等等）

3．招聘会期间如何才能充分利用机会？

（1）不要走马观花地看一两个小时就匆忙结束交流会，招聘会上的机会很多，你要充分利用机会。

（2）找人一同前往，与同伴可以交流信息，并且使你能更长时间地逗留在招聘现场。

（3）理想的做法是你应递上一份简历，然后与摊位前的招聘者交谈——或许你会有意外的收获，因为并非所有空缺工作都出现在招聘一览表上。

（4）衣着稳重，并符合职业风格，衣着至少要适合你想要洽谈的公司。

（5）准备排队与公司代表面谈。你可以利用这个时间与周围的人交谈，你不妨把名片发给他们，并收集对方的名片。

（6）收集桌子上的公司宣传资料，它们都是很好的调查资源。

（7）注意仪表。你走近公司代表时，要面露微笑，握手坚定有力，然后准备开始作60秒的自我介绍，并准备向对方询问有关他们公司的问题。

（8）索要名片，以便你今后进行随访。你可以同时递上简历与名片。

（9）准备筛选面试。虽然在招聘会真正受聘的人并不多，但你要为当场接受面试做好准备。

(10) 如果可能的话，去每个摊位前转转。

4. 招聘会之后如何随访潜在的雇主?

一定要对感兴趣的公司进行随访，尤其是你可能准备参加面试的公司。甄选你所收集的信息，然后联系感兴趣的公司。

总之，抱着学习的态度，把握学校提供的求职辅导，特别是学校组织的招聘会；积累求职各方面的知识和技巧，它将使你的求职收到更好的效果。

3.3 求职简历

求职简历，是求职者递送招聘单位的一份简要介绍，需包含以下基本信息：姓名、性别、年龄、民族、籍贯、政治面貌、学历、联系方式，以及自我评价、工作经历、学习经历、荣誉与成就、求职愿望、对这份工作的简要理解等。

简历是你展现自己的第一个法宝，一份完美的简历就像一出无声的舞剧在静静地展示着你个人独特的魅力，让用人单位看到你的优势与特长。

由于现在很多毕业生都习惯于通过网络来求职，所以一份出色的个人简历对于获得面试机会显得尤为重要。

3.3.1 撰写简历

简历不仅可让用人单位了解你，更应该利用它说明你的出类拔萃和与众不同，使你独具特色的才能在众多的应聘者中得以脱颖而出。因此，你不需要一份过于谦虚的简历，你应该将自己的亮点大胆地在简历中凸显出来，更好地“推销”自己。

案例分析

晓华刚开始撰写简历的时候，参考了很多网上的简历模板，按照千篇一律的格式罗列自己的履历，简历投递出去大多石沉大海。后来他改变了策略，认真思考自己最有优势的地方是什么，最自信的能力是什么，最能给别人留下深刻印象的能力是什么，最后总结出自己领导能力强和团队合作精神好，作为团队领导参加过很多活动；写作、演讲能力强，获得过很多比赛的奖项；并多次拿到奖学金。针对这三点，他写了一段简洁的自我评价，重点突出这三方面的优势，为了吸引人力资源人员（Human Resource，简称 HR）的注意，他将自我评价放在简历第二栏（第一栏是个人资料)，紧接着就是所获奖项，然后才是其他活动和技能。这样，让 HR 人员一开始就看到自己的优点，大大增加了简历投递的成功率，他开始获得很多面试和笔试机会。总而言之，绝对不能忽视好“广告”的作用！

分析：个人简历必须突出重点，与你申请的工作无关的事情不写，而对你申请的工作有意义的经历和经验绝不能漏掉。

一、简历撰写原则

1．重点突出，真实可信

一个招聘者希望看到你对自己的事业采取的是认真负责的态度。不要忘记雇主在寻找的是适合某一特定职位的人，这个人将是数百名应聘者中最合适的一人。简历是给企业的第一张“名片”，不可以撒谎，绝不可以掺假，但可以对提供的信息进行优化处理。

2．条理清晰，善于推销

简历应该限制在一页纸以内，个人情况介绍不要以段落的形式出现，尽量运用动作性短语使语言更加鲜活有力；在简历页面上端写一段总结性的话语，有条理地陈述你在求职上的最大优势，然后在个人介绍中将这些优势以经历和成绩的形式加以叙述，便于把自己推销给招聘单位。

3．目标明确，信息相关

做简历时可以事先结合职业规划确定自己的求职目标，做出有针对性的版本，针对不同的企业与岗位专门撰写，强调信息的有效性与关联性，突出要点与重点，语言简短，多用动词，并且避免可能会使你被淘汰的不相关信息。这样做往往更容易得到招聘单位的认可，千万避免简历千遍一律。

二、简历基本内容

1．基本情况

包括姓名、性别、出生日期、民族、婚姻状况和联系方式等。

2．教育背景

按时间顺序列出初中（或高中）至最高学历的学校、专业和主要课程，所参加的各种专业知识和技能培训。

3．工作经历

按时间顺序列出参加工作至今所有的实习或就业记录，包括单位名称、职务、就任及离任时间，应该突出所任每个职位的职责、工作性质等，此为求职简历的最核心部分。应届毕业生可以把在校期间的勤工助学、志愿者服务等社会实践经历予以呈现。

4. 其他

个人特长及爱好、其他技能、专业团体、著述和证明人等。

三、简历常见格式

1. 时序型

有许多职业指导和招聘专家认为时序型格式是简历格式的不二选择，因为这种格式能够展示出持续和向上的职业成长全过程。它是通过强调工作经历顺序实现这一点的。时序型格式以渐进的顺序罗列你曾就职的职位，从最近的职位开始，然后再回溯。区分时序型格式与其他类型格式的一个特点是在罗列出的每一项职位下，要说明你的责任、该职位所需要的技能以及最关键、最突出的成就。关注的焦点在于时间、工作持续期、成长与进步以及成就等。

2. 功能型

功能型格式在简历的一开始就强调技能、能力、自信、资质以及成就，但是并不把这些内容与某个特定雇主联系在一起。职务、在职时间和工作经历不作为重点，以便突出强化个人资质。这种类型的格式关注的焦点完全在于你所做的事情，而不在于这些事情是在什么时候和什么地方做的。

功能型格式的问题在于一些招聘人员不喜欢它。人们似乎默认这种类型的格式是为那些存在问题的求职者所用的：频繁跳槽者、大龄工人、改变职业者、有就业记录空白或者存在学术性技能缺陷的人以及经验不足者。一些招聘人员认为，如果你没有以时序方式列出你的工作经历，那么其中必有原因，而且这种原因值得深究。

3. 综合型

这种格式提供了最佳选择：首先扼要地介绍你的市场价值（功能型格式），随即列出你的工作经历（时序型格式）。这种强有力的表达方式首先迎合了招聘的准则和要求——推销你的资产、重要的资信和资质，并且通过专门凸现能够满足潜在行业和雇主需要的工作经历来加以支持。而随后的工作经历部分则提供了曾经就职的每项职位的准确信息，它直接支持了功能部分的内容。

这种综合型格式很受招聘机构的欢迎。事实上，它既强化了时序型格式的功能，同时又避免了使用功能型格式而招致的怀疑。当功能部分信息充实，有阅读者感兴趣的材料，而且工作经历部分的内容又能够强有力地作为佐证加以支持时，尤为如此。

4. 履历型

履历型格式的使用者绝大多数是专业技术人员，或者那些应聘的职位仅仅需要罗列出能够表现求职者价值的资信。例如，医生就是使用履历型格式的典型职业。在履历型格式中无须其他，只要罗列出你的资信情况即可，如就读的医学院、住院实习情况、实习期、专业组织成员资格、就职的医院、公开演讲场合以及发表的著作。换句话说，资信说明一切。

5. 图谱型

图谱型格式是一种与传统格式截然不同的简历格式。传统的简历写作只需要运用你的左脑，你的思路限定于理性、分析、逻辑以及传统的方式。而使用图谱型格式，你还需要开动你的右脑（右脑富于创意、想象力和激情），简历也就更加充满活力。

四、撰写简历时的注意点

（1）要仔细检查已成文的个人简历，绝对不能出现错别字、语法和标点符号方面的低级错误。最好让文笔好的朋友帮你审查一遍，因为别人比你自己更容易检查出错误。

（2）个人简历最好用 A4 标准的复印纸打印，字体最好采用常用的宋体或楷体，尽量不要用花里胡哨的艺术字体和彩色字，排版要简洁明快，切忌标新立异像广告一样。当然，如果你应聘的是排版工作则例外。

（3）要记住个人简历必须突出重点，它不是个人自传，与申请工作无关的事情尽量不写，而对申请工作有意义的经历和经验绝不能漏掉。

（4）要保证简历会使招聘者在 30 秒之内即可判断出投递者的价值，并且决定是否聘用。

（5）个人简历越短越好，因为招聘人没有时间或者不愿意花太多的时间阅读一篇冗长空洞的个人简历。最好在一页纸之内完成，一般不要超过两页。

（6）切记不要仅仅寄你的个人简历给招聘公司，附上一封简短的应聘信，会使公司增加对你的好感；否则，成功的概率将大大降低。

（7）要尽量提供个人简历中提到的业绩和能力的证明资料，并作为附件附在个人简历的后面。一定要记住是复印件，千万不要寄原件给招聘单位，以防丢失。

（8）一定要用积极的语言，切忌用缺乏自信和消极的语言撰写个人简历。

（9）不能凭空编造经历，说谎永远是卑鄙的，没有哪个公司会喜欢说谎的员工，但也没有必要写出所有经历。

（10）要组织好个人简历的结构，不能在一份个人简历中出现重复的内容。个人简历条理清楚、结构严谨是很重要的。

（11）最好用第三人称写你的个人简历，不要在个人简历中出现“我”的字样。

（12）个人经历顺序应该从现在开始倒序叙述，这样可使招聘单位在最短时间内了解你最近的经历。

（13）在个人简历结构严谨的前提下，要使个人简历富有创意，使阅读者产生很强的阅读兴趣。

（14）遣词造句要精雕细琢，惜墨如金。尽量用简洁而又不简单的语言。

（15）个人资料里的联系方式一定要齐全，包括手机号码、宿舍固定电话、暂住处或家庭地址、E-mail 等，以方便招聘单位第一时间通知参加面试或发布面试结果。

（16）进行了多项个人职业测评后，需注意挑选恰当的测评结论作为第三方推荐来使用。不要把所有的测评结果都写到个人简历上去。只有把符合职位要求的职业测评结论写在个人简历上再发到招聘单位，才是最好的做法。

（17）撰写简历的过程，其实就是你在寻找自己与应聘岗位的契合点的过程。你不仅需要从主观角度考虑，挖掘并展现出自己的优势，还需要从职位的角度客观地评价自己竞聘的岗位：处在哪个行业？是何种类型的用人单位？具体的职位是什么？它会看重具有哪些素质的应聘者？会喜欢怎样风格的简历？如果你能正确地揣摩出招聘单位的意图，并在自己的简历中有所体现，那你就更容易成为用人单位眼中最适合这个职位的人了。

延伸阅读

柯达：内容符合职位要求的简历容易通过

柯达公司认为，简历上提供的信息是否符合职位要求将起决定性作用。一份简历，需要列明应聘的职位，提供本人的基本信息、教育背景、工作经历以及所接受的培训。如果所列相关经历和专业背景符合应聘职位的要求，并且来自相近的公司，那么这些简历就比较容易受到青睐。

柯达公司曾经要招聘一位重点客户代表，有一个应聘者的简历写得非常有针对性。因为柯达的部分产品属于快速消费品，该应聘者能始终围绕着这一行业的特点来写，对于自己先前在快速消费品行业的工作经历写得很详细，比如如何联系超市、大卖场，如何与相关部门沟通，如何洽谈业务，如何指导布置货柜，等等，而其他信息如个人基本情况、教育背景、培训经历、个人特长等，都简单列明。

又如柯达曾经要招聘一位技术市场代表，该职位需要具备数码知识。大多数应聘者在自己的简历中只是简单地提及一句：本人具有一定的数码知识。但有一份简历却与众不同，他所附的一张报名照片就是他自己运用数码技术制作的。他在简历中详细写明了其所使用数码相机的品牌、技术参数、冲印设备以及不同设备之间的优劣差别等。虽然简历中显示他目前并不在相关职位任职，但显然他已具备了较强的相关技术背景，从而赢得了面试的机会。

惠普：有亮点和特点的简历容易通过

惠普公司希望应聘者能够用最短的时间吸引招聘人员，多了解公司招聘的职位，多了解职位的要求，然后在自己的简历里强调自己适合这个职位的特质，让招聘人员知道你有这方面的能力、经验和知识。所以，一般来说应该有一个亮点或者最突出的部分，概述性地交代自己在什么学校毕业，有几年工作经验，有哪些证明，等等，让招聘人员看到这几条就觉得这个人是我想要的。这样，招聘人员也节省时间，对路不对路马上就可以辨别出来。

另外，应聘者要写明自己与别人不同的地方在哪里，什么方面特别适合惠普公司的招聘岗位。很多人投的简历千篇一律，不管投什么样的公司和职位都用一样的简历。应该针对不同的公司和不同的岗位做简历，这样才会有比较好的效果。

IBM：主题明确的简历容易通过

IBM公司招聘人员表示，他们在看简历的时候，对于内容格式比较清楚、各个段落比较分明的简历，会比较容易有良好的第一印象。另外，主题要明确一些，简历最好能针对应聘岗位条件表达自己的能力是不是符合IBM公司的要求，把能够表达自己能力的重点写得突出一些。在简历中，讲到自己做过一些什么样的工作的时候，最好不要只说明做过什么工作，而要强调自己是怎样做到的，业绩如何。总之，主题明确一点的简历比较容易通过。

礼来：关键信息反映准确的简历容易通过

礼来认为一份合格的简历，应聘者首先要准确地向公司反映出自己的关键信息。关键信息包括以下几个方面：申请应聘职位、个人基本信息、语言掌握程度、工作学习经历、成就和奖励等。因为人力资源部门在筛选简历时要面对大量的简历，因此，一份合格的简历还应该叙述清晰、有条理，快速完整地将有效信息传达给招聘人员。比如在语言掌握程度的叙述上，用精通、熟练等精简的关键词就比较有效。还有像工作学习经历方面，对已经有过工作的社会人员来说，他的重点应该突出工作经历和业绩；而对没有工作经历的应届毕业生来说，他首先要告诉公司的重要信息就是学习经历。另外，因为学校课堂教学的内容跟实际操作有一定距离，所以，礼来公司也会比较注重应聘者的实践经历。总的来说，好的简历首先应该符合三个基本要求：关键内容表达明确，条理清晰，言简意赅。

微软：简单明了的简历容易通过

一般来说，微软希望简历既简单又明确，能让读到它的人感觉清楚明了，不复杂不麻烦。微软主要有四个职能部门，包括全球的技术支持中心、亚洲研究院、研发中心和销售市场部，各个职能部门的要求不太一样。像技术性的职位，如技术支持中心、研发中心或研究院，微软希望能够在简历中罗列出参加过的学术会议、研究成果，这样会比较受欢迎，而且要列出自己的技术特点，比如像“我熟悉Java编程语言”或“我对微软的Windows平台是专家级的了解”等，也就是说要能够注明自己的优势。像市场销售职位，希望简历中有一些对自己优势的总结，比如说“我是一个对市场了解得非常透彻的人，我的优势是做销售”，或者说“我在某一方面有自己的特长”，这样很容易引起读简历的人甚至招聘人员的重视。此类简历很容易从一大堆简历中脱颖而出，至少让人有兴趣看，只有让人有兴趣看了，你才可能有参加笔试或者面试的机会。

知识链接

简历写作小技巧

首先，无论是中文简历还是英文简历，都尽可能在一页纸内完成，给人简洁精干的感觉。如果你觉得一页纸实在无法完整表达你的全部履历，那么两页长度的简历将是你的上限。

其次，社团活动、实习经历和工作经验是简历中很重要的内容，HR人员通过这些内容可以了解你的组织协调能力、领导能力、团队合作精神、适应环境的能力和做事风格等。在描述这些内容时，尽量简洁明了地表达清楚社团/单位名称、工作职责、工作内容。如果你曾经作为团队领导成功带领团队完成一件事情，那么一定要记得重点突出你的职责，让HR人员了解你具体做了什么，从而了解你所具备的能力。

也许你是这样一种人：大学里没参加过什么社团活动，没有实习经历，也没有工作经验。先别紧张，仔细想一想，有没有兼职做家教或者帮忙促销商品？有没有作为志愿者为班级义务劳动？有没有参加过篮球比赛的啦啦队？有没有跟同学一起制作学习计划并监督大家实现目标？只要你参加过一些活动，那么用适当的词汇来表达，你的能力依然可以展现出来。比如，你只在某月做过一名初中生的英文家教，那么你可以在简历上这样写：“某年某月，兼职英文家教，教授初中英文课程，运用创新思维激发学生学习英文的兴趣，帮助其提高英文水平。”简单的一件事情同样可以为你的简历增光添彩！

当你的简历已经基本制作完成时，尽可能找一个在你要申请的工作领域工作过的专业人士帮你修改简历，尤其是英文简历。申请外企，英文简历必不可少，找一位在这类外企工作过的人士帮你修改一下，将使你的简历看起来更专业，更容易赢得 HR 的好感。或者至少你要找一位老师或者身边的朋友帮你看一下简历，提出一些修改意见，哪怕仅仅是修正一个标点符号的错误也是很有用的，毕竟细节决定成败。

3.3.2 提高简历的命中率

现在，越来越多的求职者开始习惯于通过网络投递自己的简历，但不少求职者都会遇到类似的问题，即发了数百份简历没有回音。是“石沉大海”还是“漂流瓶”漂错了方向？为了提高简历的命中率，让自己更快地找到工作，在网上投递简历时也要注意掌握一些技巧。

一、简历要有针对性的改动

简历并非一成不变。一份简历包含的内容很多，而你心仪的职位相信也不止一个。如果你投什么职位都用一份相同的简历的话，你的吸引力就会急剧降低；而为每一个职位专门准备简历也是不切实际的。怎么办呢？其实你在投递不同职位时，只需改动简历的一小部分即可，求职意向中一定要把你投递的职位放在首位；要详细列出与你投递职位相关的工作经验，以便 HR 了解。

二、注意求职信的写法

要掌握好求职信的尺度。相信大多数求职者在网投简历时都会附上求职信，这已经不是什么秘密武器了。问题在于，你的求职信究竟写了些什么。首先你不要寄希望于 HR 会很仔细地阅读你的求职信，所以求职信最忌讳篇幅过长以及与简历内容重复。求职信篇幅以两三百字为宜，说些你对于所申请职位的见解以及你针对这个职位所具备的优势等。

三、邮件标题要新颖

HR 每天会收到大量的求职电子邮件，求职者一般会按企业要求把邮件题目写成：应聘××职位。怎样才能吸引 HR 的眼球，让他们先打开你的邮件？你可以在邮件题目上做文章，只有标题新颖的邮件才会被注意，才会有机会被 HR 打开，因为他们收到的邮件实在太多了。

四、简历最好附有照片

在简历上附上照片，会让 HR 觉得你对获取这份工作很诚恳、很认真，其实这也是对面试官的尊重。没有照片，别人会觉得你没有诚意。

五、经常刷新简历

当 HR 搜索人才时，符合条件的简历是按刷新的时间顺序排列的，而 HR 一般只会看前面一两页。而很多求职者其实并不知道刷新简历可以获得更多的求职机会。因此，每次登录求职网站时最好都刷新一下简历，刷新以后就能排在前面，更容易被 HR 找到。

六、切忌投寄同一个公司多个职位

现在的求职面试中，面试官经常问的一个问题就是关于“你的职业生涯规划”。有了明确的发展方向，才更容易找到适合自己的职位。投寄简历的时候，切忌一口气投寄同一个公司的多个职位，特别是一些根本不相关的职位，比如说同时应聘“技术部高级经理”和“销售部高级经理”。这样只能说明两个问题，你对自己的未来没有规划和信心不足。

七、按照网站格式投递简历

如果是通过各种求职网站投寄，一定要严格按照网站上要求的格式输入邮件标题，比如说“姓名 + 应聘岗位 + 信息来源”；否则，会被一些企业的内部邮件系统自动归类到“垃圾邮件”中。您如果在该网站已建立了最新的与该职位相匹配的简历，那么不妨点击“申请该职位”，通过该网站发送简历。这样做的好处是：HR 能及时收到你的简历，而不会当作垃圾邮件删除，而且对你应聘的职位一目了然。

八、要用私人邮箱

在给用人单位发送简历的时候，要用自己的私人邮箱，切勿用公司的邮箱；还要选择稳定性、可靠性高的邮箱，尤其是免费邮箱的更要注意，如果邮箱不稳定，发送的简历对方没有收到，或者对方回邮的过程中信件丢失，那太可惜了。

九、掌握投递简历的时间

投递时间的掌握是一门学问。一个好的职位，应聘的人成百上千，如何让你的简历脱颖而出呢？如果你的简历最后投出，它的位置就处在 HR 邮箱最上层，而如果 HR 在这个时候恰好打开邮箱，你的简历“露脸”的机会就会大大增加。所以，了解 HR 的工作习惯十分重要。HR 一般会在上午 9 点半左右或下午 2 点左右打开邮箱，在上午 11 点或下午 3 点左右通知你面试，每周二、五看邮箱的概率稍大。

【思考题】

1. 你希望在哪个城市求职？为什么？
2. 请制作一份你自己的简历。

延伸阅读

简历达人

江苏卫视《职来职往》栏目在重庆大学举行选手面试专场，与其他参试选手不同，一名重庆大学大四学生带来多个版本的简历，堪称简历达人。

他为何要做多版本简历？这些简历有什么特点？有没有什么效果？

每一个版本重点不一样

这位简历达人叫华聪，是重庆大学光电工程学院测控技术与仪器专业大四学生，想通过《职来职往》栏目找一份电子商务方面的工作。

“我的简历是按照行业来划分的。”华聪说，按照他想求职的六个方向，他的简历分成互联网、汽车、软件开发、电子硬件、销售、机械工程六个基础版本，“根据不同公司的要求，我又在相应版本的基础上进行了修改，目前已经有了12个修改版本”。

华聪介绍，在校期间，他创建了两个网站，其中一个是网店，主要经营销售陨石收藏品。另一个网站，他在上面发表自己写的连载小说。同时，他还拥有两项国家专利——《一种用3G网络作互动通道的双向电视机顶盒》《一种带IC信用卡POS机功能的双向电视机顶盒》。此外，他还参加了重庆大学生科研训练计划项目，到长安汽车、重庆川仪、天津中环系统工程公司实习。

“12个版本的简历，就是针对不同的行业来突出我的不同能力。”华聪说，如果求职对象是互联网行业，他就会突出他创建两个网站的经历；如果应聘汽车类职位，就会突出他在长安汽车公司实习的经历；如果应聘电子硬件类职位，则会突出他的两个专利；如果应聘机械工程方面的岗位，就会突出他在重庆川仪的实习经历。

接到十家单位面试通知

记者看到，华聪的简历都只有一页，除了学校、专业、联系方式等必要信息外，主要分为四大版块：一是项目经验，二是实习经历，三是校园活动，四是相关能力。

在他的汽车类版本简历中，项目经验部分共列出了他的三项经验，他把在实习期间跟随团队参与中国汽车技术研究中心新址安防系统的经历放在了最前面。在实习经历中，他把在长安公司的实习经历放在明显位置。在相关能力中，他特意写到“熟悉汽车基本知识，熟悉汽车行业的众多品牌文化，了解汽车行业市场”。

在互联网版本的简历中，他把项目经验换成了产品经验，突出的是他的电子商务网站、个人写作网站和国家专利；在相关能力中，特意写到“会撰写产品设计文档、产品需求文档，有设计制作互联网产品的经验”。

华聪说，自己刚开始找工作时，只做了一份简单的简历，谁知道投了30多份却没有一点回音。“难道是我的简历有问题吗?”华聪自问。后来，他针对不同的行业做不同版本的简历，把与行业相关的经历重点突出出来。目前，他已收到腾讯、北京汽车研究总院、北京奔驰等十多家单位的面试通知。

12个学生求职，7人只做一份简历

大学生们求职时，一般做几个版本的简历呢？记者在面试现场进行了调查，12名求职学生中，有7人只做了一个版本的简历。另有1名学生做了2个版本的简历，3名学生做了3个版本的简历，1名学生做了5个版本的简历。

大学生求职简历该怎么做？是不是像华聪这样多做几个版本就行了？联英人才市场副总裁曾华表示，大学生绝不能一份简历包打天下。

曾华说，像华聪的简历就做得很好，简单朴实，根据不同行业选择填写不同的经历，这样更有针对性，提高了应聘成功的概率。

曾华称，企业招聘是通过简历来初步判断一个人是否和岗位匹配。因此，简历就要突出自我特点、自我性格，突出和应聘岗位的契合程度。“只有让人觉得应聘者和这份工作契合度高的简历才是合格的简历。”

曾华建议，简历应包括几个要素：一是学校、专业、联系方式等基本信息；二是在校专业学习情况；三是招聘方最看重的能力特点。在这一部分，应聘者应根据企业的不同需求根据自己的实际情况填写。

大二学生逃课前来应聘，不为成功只为感受氛围

“你既然是学人事的，那你能告诉我，人事的几大模块是什么吗?”在《职来职往》重庆师范大学面试现场，面对自称是人力资源管理专业的小唐，招聘官陆华生如此问道。

“四大模块？不知道。”小唐坦承。

“四大模块就是选、用、育、留，这是人力资源管理的基础专业知识啊。”面试官显得有点诧异，“你今年读大几了，难道你们没学过吗”？

“不好意思，老师，我今年才大二，很多专业知识都还没学。”小唐说，她听说

《职来职往》来重庆设招聘专场，就和寝室另两名同学一起逃课来应聘，“我们就想来了解一下求职面试的过程”。

“那恐怕要让你失望了，我们栏目组要求的选手最好是大四应届毕业生，最低也要是大三的。”面试官刚对小唐解释完，又来了一名经济学专业的大二男生小刘。

“老师，我知道你们不招大二的，我就是想来感受一下面试的氛围，早点为找工作做准备。”小刘递上报名表，开门见山地说。

【思考题】

1. 结合自己的情况，思考自己如何拓宽求职渠道。
2. 试给自己撰写一份求职简历。

第四讲 应聘通关与技巧

《杜拉拉升职记》中，王伟说过这样的一句话：“职场生存，不是你做得有多么好，而是怎么做才能对你好。”这确实是一个值得我们深思的问题。我们不能一味从自己的角度去做事，我们所做的一切，唯有被大家所认同与接受，才能算是做好了的。沿着前期规划好的路线，带着对未来职业的憧憬，我们一步步走来。然而，在我们和未来心仪的职业之间，依然横亘着一条深深的峡谷。唯有建造一条能够连接自己与未来职业的彩虹桥，才能跨越沟壑，才能去拥抱自己心仪的职业。

建造彩虹桥，其实就是做好最后的准备，顺利通过用人单位的各类考察，去争取自己心仪的职业。同学们，你们准备好了吗？

当你把漂亮的简历递送给招聘单位的 HR 后，你就必须要打起十足的精神，做好应聘的各项准备，其中包括笔试和面试这两个至关重要的环节。

4.1 笔试通关

不少单位在对应聘者进行面试之前，还要进行笔试。笔试是一种常用的考核办法，主要是用以考核应聘者特定的知识、专业技术，或重点考核应聘者对文字的运用能力，以及考察录用人员素质的一种书面考试形式，它是用人单位对求职者所掌握的基本知识、专业知识、文化素养和心理健康等综合素质进行的考查和评估。笔试对应聘者来说是相对公平的一种测试方式，因而被越来越多的用人单位所采用。

4.1.1 笔试的分类

按考试的侧重点分类，目前求职过程中的笔试形式一般分为以下几种：

一、专业考试

专业考试主要是检验应聘者担任某一职务时是否能达到所要求的专业知识水平

和相关的实际能力。专业知识考试的题目专业性很强，如外资企业、外贸企业对应聘者要考外语，科研机构招聘人员要考动手能力，公检法机关录用干部要考法律知识，等等。值得注意的是，这种考试方式已被愈来愈多的“热门”单位所采用。

二、文化素质考试

文化素质考试是为了检验毕业生的实际文化素质，由用人单位给出范围或特定要求，让应聘者通过作文来考察其知识、思维、文字表达能力的一种笔试方式。考试的题目以活题类型居多。例如，要求文科学生运用某一原理或某一历史知识，分析某一问题；要求理工科学生运用某一专业知识，解决某一实际问题，等等。

三、技能测试

技能测试是为了检验应聘者的实际工作能力或专业技术能力。这种考试往往针对特定的工作岗位来设计。比如用人单位要招聘一名秘书，为了考察应聘者是否具有这方面的技能，会通过下面的题目来测试：阅读一篇文章，写读后感；自编一份请示报告和会议通知；听取 5 个人的发言，写一份评议报告；某公司计划在 5 月份赴国外考察，写出需做哪些准备工作；等等。

四、论文笔试

论文笔试是检验求职者分析、综合、比较、归纳、推理等思维能力的方法。其形式采用论述题或自由应答型试题。该笔试的最大长处是有利于考查求职者的思考能力，从而能够检查求职者思想认识的深刻程度。这种测试往往会出现种种不同的答案，易于发现人才，促进智力发展，远比简单的测验题更能判断一个人的水平。论文笔试要求毕业生讨论问题要深刻、有见地。

五、心理测试

心理测试是用事先编制好的用于测试被试者心理素质的标准化量表或问卷，要求被试者在一定时间内完成，根据完成的数量和质量来判断其心理水平或个性差异的方法。一些特殊的用人单位常常以此来测试求职者的态度、兴趣、动机、智力、个性等心理素质。

4.1.2 笔试前的准备

笔试从某种角度来说，能更深入地检验毕业生的综合素质。毕业生平时的知识积累程度，对知识是否真正理解和掌握，等等，通过笔试能得到较好的检验。用人单位的出题方式远比学校灵活多样，题目更侧重能力的考核，而不是单纯的理论知识。因此，在笔试之前，毕业生应对其进行深入了解，做到知己知彼，不打无准备之仗。

一、保持良好的身心状态

求职过程中的笔试毕竟不同于学校平时的考试，临考前要注意以下几点：

（1）要适当减轻思想负担，不可给自己施加过大压力，否则适得其反。

（2）笔试的前一天要注意休息，保证充足的睡眠，避免考试时精神不振，影响正常思维。

（3）要适当参加一些文体活动，从而使高度紧张的大脑得到放松和休息，以充沛的精力去迎接考试。

二、了解笔试类型，做到有的放矢

不同的笔试类型有不同的考试内容，毕业生在考前应做详细的了解，针对不同情况做出相应的准备。比如公务员考试就有明确的考试范围，并有指定的参考书，考生复习相对有针对性。而一些用人单位的笔试则相对灵活，范围也比较大，没有明确相关的参考书。毕业生可围绕用人单位划定的大致范围翻阅相关的图书资料。笔试成绩与毕业生平时的努力也有很大的关系，如果毕业生兴趣广泛，平时注意吸收各种信息，考试时就能驾轻就熟，得心应手。

4.1.3 笔试的知识准备

一、学以致用，理论联系实际

现在的求职考试越来越强调用学过的知识来解决实际问题，具有很强的实用性。换句话说，现在的应聘考试主要考核应聘者对知识的运用能力。因此，在复习过程中必须始终突出一个“用”字，通过各种实践，把学到的知识运用到工作实际中去解决各种具体问题。

二、提纲挈领，系统掌握

在知识与能力这两者中，知识无疑是基础，没有扎实的基础知识，也就无从谈能力的培养和提高。掌握知识的一个有效方法就是把零散的知识化为系统的知识。但是应聘笔试往往范围大，内容广，存在着一定的随意性和盲目性，因此，凡是与求职有关的一些知识，如文史知识、科技知识、经济知识、法律知识和一般的电脑知识，均要系统地复习一遍。

三、多读多练，提高阅读能力

提高阅读能力，对扩展知识面和回答应聘考试的各类问题很有益处。要提高阅读能力，首先得坚持阅读实践。复习时经常做些阅读训练，有助于阅读能力的提高。在做阅读训练时，一定要做到“眼到”和“心到”，特别是“心到”。即对每个问题都仔细揣摩，认真思考，分析比较，综合归纳，努力提高自己的阅读能力。

四、敏锐思考，提高快速答题能力

为了适应招聘考试中的题量，还应该尽快培养自己快速阅读、快速思维和快速答题的能力。因此，在准备笔试的时候一定要提高读题与答题速度。

4.1.4 参加笔试应注意的细节问题

一、服从安排

坐到监考人员指定的位子，不要选择座位，更不要抢座位。如果自己确因视力等原因需要调整座位时，一定要有礼貌地向监考人员申述并求得其谅解；若实在不能调换，也应自己克服，予以服从。

二、遵守规则

在答题之前，一定要听清楚监考人员对试卷的说明，不要仓促作答，避免因为一知半解或似是而非而跑题、漏题或答非所问。如确需查阅字典、手册等工具书时，则须取得监考人员的同意；否则会留给对方自说自话的印象，甚至会被认为作弊而被取消资格。

三、信息准确

答题前，先将姓名等被要求填写的个人关键信息填写完整，并保证清晰准确，没有遗漏。如果因为自己的一时疏忽而导致白考一回，则太不值得了。

四、莫论人非

试卷质量和出卷人的水平密切相关，所以不同招聘单位的试卷水平很有可能会参差不齐。作为应聘者，切不可意气用事，当面批评招聘单位的出卷水平；否则，只能给对方留下不愉快的感受，于求职毫无益处。

五、卷面美观

答卷时尽自己所能，注意卷面整洁、笔迹清晰、行距有序、段落齐整、页边距适当、页码清楚。

六、诚实稳重

在考试时应该诚实稳重，坦荡有节。不偷看别人的试卷，不私自翻阅参考材料，不与旁人商量，不烦躁不宁，不干扰他人。主动按照监考人员的要求，关掉手机，将之放在包里或直接上交。

七、保守秘密

如果有些单位借招聘考试之机，故意引诱你泄漏之前单位的一些商业秘密，你可以拒绝作答，一走了之。因为这样的单位，绝非你的可留之地。

4.2 面试通关

面试是测查和评价求职者能力素质的一种考试活动。面试是一种经过组织者精心设计，在特定场景下，以考官对考生的面对面交谈与观察为主要手段，由表及里测评考生的知识、能力、经验等有关能力素质的一种考试活动。

面试时的一些细节和求职者的瞬间表现，往往能决定他能否通关，能否求职成功。这里试着从最全面的视角，按照面试前后的时间过程（即从着装礼仪、面试的类别和准备，到面试之后的收尾工作），帮助你熟悉面试的各个方面。

4.2.1 面试着装

毕业生踏出校门的第一项挑战就是面试。面试时，你的衣着装扮马虎不得，那是你给面试官的第一印象，也是他们考察你是不是专业人员以及能否胜任所应聘职位的重要因素，因为你已经告诉了你的主考官如下信息：能力大小，有无团队意识，自信程度，是否符合招聘的要求，等等。这个看似一瞥形成的第一印象，会直接决定你的面试沟通能否成功。所以，面试着装非常重要，一般要求衣着大方、得体，呈现职场新人的形象。面试最好着职业装，女生化淡妆。穿上合宜的“面试装”，也可让自己更有信心。

一、女生着装

1．西装

对于女生来说，选择西装的时候也要注意西装的颜色，黑色、深蓝、灰色等稳重的颜色是比较理想的选择。款式不要太过新颖前卫，宜保守传统。如果是裙装，就一定要注意裙子的长度，不要在膝盖以上，裙子太短是不专业的表现，裙子太长又会给人以慵懒散漫的感觉，给面试官的印象会大打折扣。如果上衣是V领的，也要注意衣服开口不能太低；如果很低的话，可以通过丝巾或者内衬上衣来弥补。

2．衬衣

衬衣无论是颜色还是款式，以保守为宜。不要挑选那些透明材质的上衣，也不要有蕾丝花边或者雪纺薄纱。在衬衣里面可以再穿件打底衫，以防走光。

3．鞋子

鞋子的颜色和款式与服装相配，整体协调。不穿长而尖的高跟鞋，中跟鞋是最佳选择，既稳健，又能体现职业女性的尊严。设计新颖的靴子也会显得自信而得体。

但穿靴子时，应该注意裙子的下摆要长于靴端。

4．袜子

丝袜的颜色最好是传统常见的颜色，如黑色、肉色、深灰色等，但必须与套装和鞋子相配。一般认为，肉色是职场最适合的，千万不要着明黄、玫瑰红等鲜艳的颜色。袜子不能有脱丝，为保险起见，建议在包里放一双备用袜子，以防脱丝时能及时更换。另外，不论你的腿有多漂亮，都不应在面试时露着光腿。

5．包

选用的包应该和整个穿着相配，不要太大，中等或小型尺寸即可。在多数面试场合，携带公文包比手提小包更庄重。

6．发型

头发是整个仪容中十分重要的组成部分。保证头发干净清洁，仔细梳理。如果是长发，就把它盘起来，或者采用其他看起来专业舒服的发型。

7．淡妆

素面朝天是对对方的不尊重，所以女生去面试前应该稍稍化一下妆，这样会使自己看起来很精神。不要化浓妆，要选择自然清淡的颜色，稍作修饰，清新、自然、干净，注意不要掉妆。另外，妆容一定要与服装搭配。

口红：选择的颜色尽量接近你的唇色。

粉底霜：颜色应与你脖子的皮肤颜色接近。

眼线：选择黑色或棕色，因为要与眼球协调。

眼影：不要选择艳丽的色彩。

香水：香水要与自身的气质相配，香味宜淡，闻上去要给人以舒畅的感觉。

8．配饰

选择尽可能简单的饰品，少则美是戴首饰的重要原则。面试时不应戴手链和脚镯；一只手只戴一个戒指，不要戴形状奇特的戒指，不然不方便握手，也会给对方留下不好的印象；不要戴很大很长的耳环，也不要戴太多耳环，简洁的耳钉就可以带来不凡的效果。

9．手和指甲

女生的手通常是其气质外观的一个方面。为充分显示其魅力，应保持手部干净，指甲应修剪好，千万不要留长长的指甲。另外，不要涂艳丽的指甲油。因为长指甲会让人怀疑你是什么都不干的大小姐。

二、男生着装

1．西装

男生应该选择裁剪良好、款式经典的西服套装，切忌太过前卫的设计。颜色以黑色、灰色、深蓝色为宜，并且最好是纯色的，不要有大格子、大条纹，面料最好易于打理又不易变形。

2. 衬衫

要选用面料挺括一点的衬衫。白色的长袖衬衫是上上之选，永远都不会出错。其他的衬衫当然也可以，但是不如白色那么正式，并且要注意和西装的颜色搭配是否合适。短袖太过休闲，不适宜面试。

3. 领带

领带宜选用保守一些的，传统的条纹、几何图案和螺旋花纹都很不错。还要注意和西装、衬衫颜色的协调性。系好的领带下端不要超过腰带位置。

4. 鞋子

鞋面保持锃亮，这样可以表现出你专业的做事风格以及良好的职业素养。鞋跟要结实，破旧的鞋跟会使人显得疲软而萎靡，若皮鞋有系带，一定要检查鞋带是否干净且系紧。松开或未系的鞋带会给你带来不安全感甚或可以将你绊倒。要注意鞋子的颜色和套装相配，黑色是很好的选择，但要注意的是，切勿将黑鞋与棕色西装搭配在一起，这样会十分不协调。

5. 袜子

无论如何，袜子的颜色应当和西服相配，通常应选蓝、黑、深灰或深棕色。不要穿颜色鲜亮的袜子或花格袜子，白袜子搭黑皮鞋，给人以非常不专业的感觉。袜子要够长，使你在叠起双腿时不至露出皮肤，这样十分不雅观。袜子要有足够的弹性，使它们不至于从腿上滑下或缩成一团。

6. 头发

求职者去应聘时要保持头发长度合适，清爽整洁，不要给人油光发亮、湿淋淋的感觉；发型简单、朴素、稳重大方，不要留鬓角，最好不要留中分头；头发也不能压着衬衣领子；保持面容整洁，胡须最好刮干净，不要留人丹胡、络腮胡。

7. 包

简单细长的公文包是最佳选择。携带一个整洁的文件夹。还要注意看看包带或扣子是否好使，把包拉上，看看是否能开合自如。当然，别忘了把必备的简历等资料装进去。

8. 饰品

男生最好少带饰品，越简单越好，项链、手链、耳环、鼻环、手镯等饰物都是男性求职者面试时十分忌讳的。

9. 皮夹

一只小巧的钱包不易使口袋鼓起变形，但钱包里的东西应是必需品。千万不要把各种信用证、家庭生活照等塞在里面。

10. 手表

一块手表不仅是为了计时用的，而且是一件装饰品。选择的手表要和你的衣服相配。另外，不宜戴有卡通图像之类的手表。

一般企业面试都要着正装，不过也有一些行业面试可以随便一些，如 IT 行业。但是要注意，有些企业在通知面试时会强调面试着装注意事项，比如要求必须着职业装，那么你就一定要按照企业的要求去准备，不要因为省了衣服而丢掉了机会！

4.2.2　面试礼仪

除了着装以外，面试时大方的举止、温和的谈吐，都能让面试官对你的印象加分。这些就是面试礼仪方面的问题了。

一、守时

守时是职业道德的基本要求，提前 10 ~ 15 分钟到达面试地点效果最佳。提前半小时以上到达会被视为没有时间观念，但在面试时迟到或匆匆忙忙赶到现场则是致命的。不管你有什么理由，迟到也会被视为缺乏自我管理和约束能力。

如果路程较远，宁可早点出门，但早到后不宜立刻进入办公室，可在旁边接待处休息等候。

二、肢体语言

1. 眼神

交流中目光要注视对方，但万万不可死盯着别人看。如果不止一个人在场，要经常用目光扫视一下其他人，以示尊重、平等。

2. 握手

当面试官的手朝你伸过来之后，握住它，握手应该坚实有力，双眼要直视对方。不要使劲摇晃；不要用两只手，用这种方式握手在西方公司看来不够专业。手应当是干燥、温暖的。如果你刚刚赶到面试现场，用凉水冲冲手，使自己保持冷静。如果手心发凉，就用热水焐一下。

3. 坐姿

不要紧贴着椅背坐，不要坐满，坐下后身体要略向前倾。一般以坐满椅子的三分之一为宜。这既可以让你腾出精力轻松应对考官的提问，也不致让你过于放松。

4. 小动作

在面试时不可以做小动作，比如折纸、转笔，这样会显得很不严肃，会分散对方的注意力。不要乱摸头发、胡子、耳朵，这可能被理解为你在面试前没有做好个人卫生。而用手捂嘴说话则是一种紧张的表现，应尽量避免。

三、谈吐

一个人的语言表达能力客观反映了一个人的文化素质和内涵修养。面试时，对所提出的问题要对答如流，恰到好处，又不能夸夸其谈，夸大其词。

谈吐上要注意以下几点：

（1）突出个人的优点和特长，并有相当的可信度。语言要概括、简洁、有力，不要拖泥带水，轻重不分。

（2）展示个性，使个人形象鲜明，可以适当引用别人的言论，如用老师、朋友的评论来支持自己的描述。

（3）坚持以事实说话，少用虚词、感叹词。

（4）注意语言逻辑，介绍时层次分明、重点突出。

（5）尽量不要用简称、方言、土语和口头语，以免对方难以听懂。当不能回答某一问题时，应如实告诉对方，含糊其辞和胡吹乱侃会导致失败。

四、其他细节

面试过程中还有许多值得关注的细节，如面试前请一定记得将手机关闭或者将手机调成静音模式，避免面试时被电话打断，否则会让面试官对你的印象大打折扣。

4.2.3 成功面试

一旦开始面试，你就会发现每次面试的形式与考察的内容都是各不相同的。"一击即中"的面试"必杀技"只能是一种美好愿望。然而，随着对面试了解得越多，你越会发现形形色色的面试还是存在着共同之处和相同规律的。在这里，我们会和你分享一些面试的心得体会，期许能够帮助你全面理性地了解面试，积极有效地做好面试准备，顺利通关。当然，多参加一些面试，亲身体会并做出总结，是你增加面试经验和提高成功率的最佳途径。

一、最常见的面试方式

1．行为面试

如果面试一开始，你就被提出许多有针对性的具体问题，那么你面对的就是一次行为面试了。在这种面试中，面试官往往已通过其他途径对你有了一个比较全面的了解，所以对一般性的问题不会再提及。面试官在这种情况下提的问题往往会涉及一些应聘者做过的或者将来可能从事的比较重要的工作，也可能会涉及未来职位所需的个人能力。

例如，面试官这样问：你以前有没有因为掌握不好时间导致项目未能按期完成的情况？

面试官在这里考查的是你把握时间、合理调配项目计划的能力。同时，还想通过你的叙述得知其他一些细节性的东西。此时，你应该注意用非常简明扼要的语言高度概括自己的成就，要注意可信性。你还可能被问及的问题有：

——你在这个项目中的具体角色是什么？

——操作一个项目的时候，你怎样决定哪个部分应该最先着手？

——你负责操作的项目对你的公司产生过哪些影响？

——在做这个项目时，你有没有与其他人不同的想法？

——你的经验对你的工作起过什么样的作用？

2．状态面试

这种面试方式与行为面试有紧密的关系，面试官提出的问题同样会比较具体，往往与应聘者在工作中的具体行为有关，而且还会被问及为什么要这样做。

例如，星期一有位顾客来修汽车，要求星期三修好。到了星期三，顾客来取汽车，而这时候车子并没有修好。这个时候作为修车店的技术服务经理，你该怎么做？

A．如实告诉顾客车还没有修好，让他下午再来。

B．先道歉，然后说明由于发生了某种不可控制的原因，导致未能及时把车修好。

C．再次确认将尽快为顾客解决问题，并且将所需的时间告诉顾客。

这种面试方式通过选择预设的选项来考查应聘者处理临时情况的能力和协调组织能力。选择关键职位时，用人单位往往采取这种方式。

3．间接面试

有些应聘者一听说是间接面试，往往有些泄气，以为是面试官想找个理由来拒绝自己的申请，其实不一定。间接面试最常采用的是电话面试的方式，一般会考察下面几个方面的内容：

——应聘者是否具有胜任某项工作的最基本能力和技术。

——应聘者的能力与简历描述是否一致。

——应聘者能否与他人很好地沟通。

那么如何应对间接面试呢？

首先，情绪要平稳、放松，因为看不见面试官的表情，所以要仔细听清楚每一个问题。然后，在回答问题时，将问题的含糊之处一一询问清楚。尽可能回答得简短、专业，并表现出对所应聘职位有着浓厚的兴趣。

如果在间接面试时，面试官向你询问有关薪金的问题，你就可以告诉他最好在建立了相互的兴趣之后再讨论这个问题。如果他坚持问，你就可以告诉他一个范围，不要说实际数字。

把简历贴在电话旁边的墙壁上，以便接电话时随时参考。

4. 集体面试

集体面试是指多位面试官考核一个应聘者。因为有越多的人参与考核，选中最优秀人才的可能性就会越大。因此，这种面试通常在招聘重要人才的时候出现。应聘者有可能一次只见一个面试官，也可能同时接受多位面试官的考查。

求职者能否通关，有可能是整个面试小组讨论的结果，也可能由面试官参考其他集体成员的意见来决定。因此，应聘者在接受这种面试时，应该在较短的时间内确定是否有主面试官，以便及时调整自己，使回答更具针对性。

二、克服面试怯场的方法

面试通过与否决定了求职者能否找到工作。也正因为面试如此重要，使得许多人在面试时手脚出汗、情绪紧张、语无伦次。为避免让自己陷于这样的尴尬局面，顺利通过面试，求职者可以从以下几个方面入手：

（1）要以一颗平常心正确对待面试，要做好承受挫折的心理准备。即使面试一时失利，也不要以成败论英雄。

（2）对招聘单位和自己要有一个正确的评价，相信自己完全能胜任此项工作。要记住："有信心不一定赢，没信心一定输。"

（3）注意仪容仪表，穿着整洁大方，以改变自身形象，增强自信心。

（4）面试前做几次深呼吸，心情可能会平静很多。

（5）与主考官见面时，要主动与对方进行亲切友善的目光交流，消除紧张情绪。在心里尽量建立起与招聘者的平等关系。如果心里害怕，有被对方的气势压倒的感觉时，就鼓起勇气与对方进行目光交流，待紧张情绪消除后，再表述自己的求职主张。

（6）当出现紧张局面时，不妨自嘲一下，说出自己的感受，可使自己变得轻松些。

（7）当感觉压力大时，不妨借助间隙去发现招聘者的诸如服饰、言语、体态方面的缺点，借以提高自己的心理优势，这样就会在不自觉间提升自信，回答问题时也就自如多了。

（8）当与对方的谈话出现间隔时，不要急不可耐，给自己留下思考的空间，抓紧理清头绪，让对方感觉你是一位沉着冷静的人。

（9）回答问题时一旦紧张，说话可能结结巴巴或越说越快，紧张感也会加剧。这个时候最好的办法就是有意放慢自己的说话速度，清晰地逐字说出，速度放慢了，自然也就不紧张了。也可加重语尾发音，说话时缓慢响亮，用以缓解紧张感。

（10）进入考场见到主考官时，不妨有意大声说几句有礼貌的话，做到先声夺人，紧张的心情自然就会消失。

案例分析

模拟面试

（一）

应试者：一位从事技术工作的电子技术专业应届毕业生。

问：你以前在哪里工作？答：我实习期间在一家公司做了一年的技术支持。问：进入公司的目的是什么？答：喜欢技术支持，因为我具备这个能力。

问：你有什么成绩呢？答：策划了一个方案，且有很好的协调能力。

问：周围的同事朋友怎么评价你呢？答：待人诚恳。

反问：你问我这个问题的目的在于什么呢？答：看你在工作中的沟通能力……做技术支持的，当然应该有技术方面的能力，但合作是最重要的一点。

面试官分析点评：这位同学很敏锐，但作为应试者，不应该反问面试官提出问题的目的。如果为了显示主动性，可以在最后问面试官自己在以后的面试中应注意什么。再有，讲故事特别重要，把自己最得意的成绩、做得最好的项目详细说出来，像这样一句话概之，不太能令人信服，印象也不会令人深刻。

（二）

应试者：应聘一家 HR 网络销售人员的一位计算机应用专业实习生。

问：请用三句话来介绍自己，评价自己。答：干劲冲天；一定给你挣钱；善于与同事合作。

问：五年内对个人制定的目标是什么？答：做一个职业经理人。

问：对我们公司了解吗？答：在上学的时候经常登录这个网站，我感觉是人力资源网站里做得最好的。

面试官分析点评：问对自己的评价，是在测试他的表达能力和思维能力；问五年以后如何定位，是看他做事情的目的性；问对公司是否了解，在于了解他是否对公司真正了解、真心感兴趣。在国外，如果不了解这个公司，你连去都不要去。很多人把面试过程看得很紧张，就是不了解情况导致的。如果你了解这个企业，你完全可在面试中变被动为主动。不用了解很深，只要在面试时表现出对这个企业的兴趣就可以了。要把握好度，不要以太华丽的辞藻堆砌你的才能，而要通过故事来表达此意。另外，面试时不紧张固然是好，但也不能自由得无拘无束，如双手抱肩，头后躺在椅子上。

（三）

应试者：一位软件技术专业的毕业生。

问：应聘什么职位？答：技术支持。

问：有一个10人的软件项目，但经济光景不好，预算要减掉一半，而上司还要求做得更好。你怎么办？答：最重要的是企业的文化和人情味。朋友对我的评价是有困难的时候总喜欢找我。作为一个项目负责人，我可以通过自己影响组员。我相信他们会支持我在这种情况下做好项目。

面试官分析点评：预算砍掉一半，你没有说不能做，说明你有一定的能力，但你的回答很难看出你的技巧。我对你的印象是：人情味很重，关心下属，你可能不会因为预算减半而裁员，但可能对生意并不是很敏感。其实，更好的答案应该是："老板，我可以做得更好，但我是否可以帮助你来解决那个使我的预算要减掉一半的危机？"至于具体如何去做，应该和你的老板去商量。

模拟面试对求职非常有帮助，它可以帮你培养一种良好的状态，从而让你树立信心，你可以在同学的帮助下甚至自己对着镜子进行演练。

延伸阅读

面试中经常遇到的一些问题

（1）请介绍一下你和你的家庭。

（2）你有什么优缺点？

（3）你有什么特长和爱好？

（4）你对自己的学习成绩是否满意？

（5）你如何评价你的大学生活？

（6）你担任过何种社会工作，组织参加过何种社会实践和社会活动？

（7）你懂何种外语？熟练程度如何？

（8）你为什么要应聘这个职位？

（9）你对本行业、本单位、本职位有何了解？

（10）你认为你适合做什么样的工作？

（11）你找工作考虑的重要因素是什么？

（12）如果单位的安排与你的愿望不一致，你是否愿意服从安排？

（13）如果工作安排与你的专业不对口，你如何考虑？

（14）你是否有出国或继续读书的打算？

（15）如果本单位和另外一个单位同时聘用你，你将如何选择？

4.2.4 薪资预期

薪资是一个敏感但又无法回避的问题。每个求职者都有自己的想法，而用人单位同样也有自己的薪资标准。作为求职者，应该对薪资有理性的预期，不苛求高薪，但也不妄自菲薄。那么，究竟怎样的薪资期待才是合理的？怎样的薪资标准才是可以接受的？在面试的时候，该怎样与用人单位谈薪资呢？

一、薪水：毕业生与企业永远的矛盾

案例分析

一家上海企业在某学院进行校园招聘。“给5 000元，还在上海，算了算了！”有学生一听说工资标准，简历都没投就转身走出了招聘会场。

小王的家在安徽农村，由于父母身体不好，四五年前就已经不能再做重体力活，是村里的低保户，全家的收入就指望着那2亩责任田。“有时种玉米，有时种小麦，反正一年的总收入就在2 500元左右。”

与此对应的是学校每年4 000元的学杂费和1 200元的住宿费用。小王申请到了生源地贷款，每年6 000元。这不马上要毕业了，小王还没找到工作，成了背着18 000元债务的“负翁”。

国家助学贷款虽说现在可以长期贷着，但不尽快归还良心上也说不过去。他打算尽快还贷，即使不管利息，每月本金也得还250元，“还要给父母钱，一个月最少500元”，然后是租房、吃饭、交通、电话费……“假设我要留在上海，没有七八千元，可能还真不够。”

很多学生在找工作前都会算这样的账：大学三年，学费、生活费，零零碎碎花了爸妈五六万块钱吧，若只找份低于5 000元的工作，怎么对得起父母啊！现在房价“噌噌”往上涨，要是工作半年才够买一个平方米，那何年何月才能买房啊……

算完账，学生们基本得出了一个结论：实在不是我们心气高，现实的压力就像张铁丝网，让人不得不硬生生地把工资低的岗位给筛掉。

而在招生现场的用人单位又是怎样看待薪资这个问题的呢？

“企业又不是慈善机构。”一家人力资源服务中心的王先生认为，“你要8 000元、10 000元，企业不是给不起这个钱，但是一个刚毕业的大学生，毫无经验可言，你就没问过自己究竟值不值得这个价？企业不是慈善机构，它是追求利益最大化的，肯定不会管你这些”。

“现在大学生太浮躁了，找工作好像就是奔着钱来的。我倒觉得，在30岁之前最好不要考虑赚钱的事情，先积攒经验，把自己打磨成熟。”一家外资企业的招聘负责人李小姐说。

另外一家企业的人事经理高先生则说：“企业给的薪资看似不多，但大学生们都忽略了一点，就是企业对他们的培训。不管是上岗前的培训，还是工作中的业务提高培训，这些都是隐形的财富，更值得刚毕业的大学生们重视。”

从上面双方对薪资的理解不难看出，这确实是一个一时很难调和的矛盾。薪资太低，会影响学生的基本生活与其他方向的发展；薪资太高，则企业成本增加，利润下降，还会导致整个企业的薪酬体系的上调，成本将会大幅增加。

合理的薪资期待将有助于你摆正自己的位置，顺利找到工作。如果薪资底线过高，找到合适的工作可能会很困难。因此，你可以参考学哥学姐的定位，结合自己的实际，提出相对合理的薪资要求。

二、谈论薪资技巧

1. 避免先谈薪资

在宝贵的面试机会中谈薪资是一种浪费，从某种意义上说，这是给别人一个拒绝你的理由，所以一般不主张在面试时主动和老板谈薪水。但在有些面试中，即使你一再避免谈薪资，面试官还是会要求你正面回答这些问题。这个时候如果还一再推托，恐怕就显软弱了。

2. 如何谈到点子上

在回答薪金问题的时候，不能逞匹夫之勇乱答一气，要有准备、有策略。

（1）提前了解市场行情。谈薪资前要多了解市场行情和行业的薪酬现状，留意一下你周围的人：你的同学、你的朋友、和你找同一份工作的人，他们能拿多少薪水？结合公司的情况，取他们中间的一个平均值来考虑你的期望薪资，同时还应该多留意新闻媒体和本行业的有关报道。即从三方面考虑：衡量自己，同行业类似经验水平大概空间；衡量对方，同类公司天花板，避免超出公司最高区间；衡量市场，考虑竞争力度、同水平或更高水平求职者数量等因素。

（2）把期望值放到行业发展的趋势上去。考虑你的专业是什么？人才市场对你这类人才的需求有多大？

（3）谈薪资的时候不要拘泥于薪资本身。在面试中谈薪资是不能“就薪资谈薪资”的，要把握适度合理的原则。告诉自己的面试官，薪资不是最重要的，你更在乎的是职位本身，你喜欢这份工作，告诉公司你希望公司能了解自己的价值。这样，就能将薪金问题提升到另一个高度，将有助于你找到一份满意的工作。

(4) 坚守底线，若 HR 压价，应果断回击。既表明自己的薪资预期，并说明这个薪资的依据，也一定要坚守预期底线。

3. 学会给自己留后路

谈薪资时若双方差距很大，要学会留后路，缓解尴尬气氛，不可当场拒绝。

案例分析

旅游专业的张某毕业后来到一家大型的旅游会展公司面试，在业内人士看来，这是一家非常有名气和实力的公司。在面试中，张某表现得非常出色，但当面试官问及她期望的薪资时，她开出了一个较高的薪资，和该公司提供给新员工的薪资差距较大。面试官明确表示：这样的薪资，本公司不能接受。眼看着面试陷入僵局，自己喜欢的工作就要失之交臂，张某又不想自贬身价，于是她一方面先是告诉面试官薪资不是最重要的，重要的是自己希望能在公司学习、工作；另一方面她又拿出自己以往的工作经历，并结合会展业的前景进行分析。这个“缓兵之计”很好地缓和了“谈判局势”，使即将结束的面试得到了转机，也使张某最后求职成功。

分析：陈某的做法就很妥当，缓解了谈判时的尴尬，顺利签约。当双方薪资要求差距较大时，可展示自己的工作能力，强调你能为公司做出的贡献。

延伸阅读

关于薪资的几个典型问题

典型问题 1：在我们公司工作，你希望得到什么样的薪资待遇？

考前辅导：面试前要早做准备，在心里确定好自己希望的薪资范围。先了解该公司的所在地区、所属行业、公司规模，然后尽量了解本行业现在的工资水平。在告知对方自己希望的薪资待遇时，尽可能给出一个你希望的薪资范围，避免说出具体的数字，除非对方有这样的要求。

参考答案：工资并不是我决定是否加盟的唯一因素，如果你一定要我回答，那我当然希望自己的薪资符合我的学历水平和实践经验，我希望自己的工资不低于年薪××××元。

典型问题 2：你觉得自己每年加薪的幅度是多少？

考前辅导：通常情况下，面试官可以接受的答案是“收入的增长和生活水平提高保持一致”。除此之外，你还应提到自己工作业绩的提高是加薪的决定性因素。

参考答案：我想，自己薪资的提高取决于公司的经营业绩和赢利状况，但我也希望自己收入的增长至少和我生活水平的提高保持一致。

典型问题3：你愿意降低自己的薪资标准吗？

考前辅导：如果确实非常想得到眼前的这份工作，那开始工作时降低自己的薪资标准是可以考虑的。面对面试官，你要首先强调自己可以把工作做好，并且设法了解公司什么时候能够给你调整工资待遇。此外，对自己所能承受的工资底线要心中有数，但是不要把这个底线告诉你的面试官。

参考答案：我对这个职位非常感兴趣，所以我可以考虑降低自己的薪资标准，但我也希望公司能给我时间让我证明自己的能力。我相信自己可以让公司满意我的工作，如果我出色完成了自己的任务，你是否会考虑对我的薪资做一些调整呢？

典型问题4：从现在开始的三年内，你的薪资目标是什么？

考前辅导：在面试前最好能了解一下同行业从业人员工资的增长情况，如果你能通过朋友打听到这家公司的薪资增长幅度，则更好。可以对面试官说出一个大概的数字范围或者百分比。

参考答案：我相信经过一段时间的实践，自己将成为这个行业中的佼佼者，我也希望自己以后的收入能和我的能力相符。我希望自己的年收入在×××××元到×××××元之间。

典型问题5：你认为我们给你提供的薪资如何？

考前辅导：首先确定面试官给出的薪资是否为公司正式员工的工资，如果是这种情况，要把这个数额和自己的薪资要求相比较，看自己能否接受这个工资待遇。在欧美公司，面试官大多希望应聘者就这个问题和他进行商量；而本土公司则相反。

参考答案：你给出的这个数字和我的期望值很接近，但是我心目中的期望稍微要高出一些。我了解公司对于新人工资数额有一定的限制，我们能否谈谈除了工资以外的其他福利待遇？

4.3 面试之后

4.3.1 跟进事项

面试结束并不是该一了百了、彻底停息的时候，还有很多后续事项需要去认真做好。这既是面试环节的延续，同时也能提高你求职的成功概率。

一、写信感谢

为了加深招聘人员的印象，增加求职成功的可能性，面试后的两三天内，求职者最好给招聘人员写封信表示感谢。感谢信要简洁，最好不超过一页纸。感谢信的开头应提及自己的姓名、简单情况以及面试的时间，并对招聘人员表示感谢。感谢信的中间部分要重申对公司、应聘职位的兴趣，增加一些对求职成功有用的新内容。感谢信的结尾可以表示对自己的信心以及为公司的发展壮大做出贡献的决心。

知识链接

如何写感谢信

趁热打铁，及时寄出你的感谢信。一定要在面试当天之内或接下来一两天内写好并发送过去。感谢信的内容不仅是简单的感谢，还可以再次强调自己的优势所在和渴望得到这份工作的热情。

内容言简意赅、重点突出。企业的 HR 大多工作繁忙，没有工夫看长篇大论的感谢信。

切忌弄错对方的姓名与职称。万一弄错了，是非常不礼貌的事情，反而会弄巧成拙。

懂得赞赏之道。除了表达你的感谢之意，还可谈谈你对公司或面试程序中具体哪个细节印象深刻，并感谢在面试中学到的东西，赞赏公司的发展潜力，等等。

表达要情真意切。一定要好好组织语言，感谢信不同于简历、求职信的地方就在于感谢信是可以加入自己的主观话语的，这种主观话语能使这封感谢信读起来态度真诚，从而打动面试官。

二、耐心等待

在一般情况下，每次面试结束后，招聘主管人员都要进行讨论和投票，然后送人事部门汇总，最后确定录用人选，这个阶段可能需要三五天的时间。因此，在这段时间内一定要耐心等待消息，不要过早打听面试结果。

三、调整心态

如果同时向几家公司求职，在一次面试结束后，则要注意调整自己的心情，全身心投入应对第二家单位的面试。因为在接到聘用通知之前，面试结果未知，那就不应该放弃其他机会。

四、查询结果

一般来说，如果在面试的两周后，或主考官许诺的时间到来时还没有收到对方的答复，就应该写信或打电话给招聘单位，询问面试结果。

五、总结反思

每一次的求职，或成功，或失败，要做到胜不骄、败不馁。一次失败，并不意味着次次失败，只要总结经验与教训，调整自己的应聘策略，积极准备，坚信求职成功终将到来。

4.3.2 选择录取通知书

经历了求职的风风雨雨，终于拥有了属于自己的美丽彩虹——录取通知书，此时此刻，可以好好享受一下收获的喜悦。但是，由于同时应聘了几家公司，所以当一封封录取通知书向你飞来的时候，你又会陷入了“成功的烦恼”了。建议你综合考虑各种因素，如个人职业生涯规划、公司发展潜力、工作地点、父母意愿、个人未来发展机会等，慎重做出最适合自己的选择。

一、求职者在选择被录取岗位时应先考虑的几个问题

通过这个工作你能看到自己未来的成长和发展吗？办公室具体地点在哪儿？公司福利如何？有没有健康保险、失业保险、员工退休计划、医疗保险、财产保险或者其他保险金？有没有住房公积金？有多少休假时间？如果从事这份工作，实际工作职责是什么？不要被工作头衔所迷惑，要搞清楚实际做什么工作，拥有哪些权限和责任。衡量一份工作，要结合自己的职业生涯规划，并通过职场五要素进行综合评判——“职位”“薪资”“公司背景”“发展空间”“幸福感”。对于职场新人而言，发展空间和公司背景是比较重要的，但是也有些毕业生更看重工作地点或者父母意愿。

二、选择录取岗位的五个原则

1. “未雨绸缪” 你的录取岗位

在 HR 给你打电话提供录取岗位之前，你就应该多次和对方确认工作的具体细节。当面试官问到类似于“你在下一步的工作中希望得到些什么？”之类的问题时，请诚实作答。这么做会使你最终收到的录取岗位中包含更多你想要的东西。所以你要从一开始就做好准备，把应聘过程当作是一次谈判，不能因为表面的价值就随意接受一份工作。

2. 做全面的深入调查

即使在发出简历之前，你已经对目标公司进行调查研究，当你收到录取通知后，你依然必须要再做一次更加深入的调查。对公司的架构、企业文化、同事等都要尽可能多做了解。并且，你还要对公司进行前景调查，这样做可以帮助你规避由于企业未来倒闭后失业的风险。

3. 要符合职业生涯规划预期

要把收到的所有录取通知和你职业生涯规划中的预期目标一一比较，选择最符合预期的工作。当然，由于环境的变化，你也可以临时做出调整。

4. 要考虑“先就业后择业”的成本

有时求职者迫于生计，会勉强选择眼前的工作岗位，但又会心存不甘，暗中计划工作一段时间后等寻找到更适合的工作再“跳槽”。这样做的话，求职者必须要注意“跳槽”的成本，比如对家庭、客户关系、人际网络和未来发展等的影响。还需要考虑到雇主对自己进行的投资，以及自己离开后对公司造成的负面影响。很多雇主和猎头都不太看好频繁更换工作的人。

5. 拒绝录取但不能拒绝后路

千万不要生硬地拒绝一份已录用的工作。投了简历，参加了面试，公司自然认为你想要得到这份工作。而你获得这份工作，可能有人在暗中为你做了很多的贡献，要知道，在这个过程中遇到的所有人都是你未来的人脉资源。所以拒绝时，不要用“工作不好”或“工资不高”作为理由，而应该表明自己不太适合这份工作。这样做，至少不会让人家觉得你在忽悠糊弄他们，而且还能给他们留下一个好的印象，这其实就是给自己留下了一条后路。

【思考题】

1. 结合你的实际情况，谈谈如何可以提高笔试成绩。
2. 你认为自己适合什么样的工作，为什么？（不超过400字）

第五讲 面试实战与训练

有个年轻人去微软公司应聘，而该公司并没有刊登过招聘广告。见总经理疑惑不解，年轻人用不太娴熟的英语解释说自己是碰巧路过这里，就贸然进来了。总经理感觉很新鲜，破例让他一试。面试的结果出人意料，年轻人表现很糟糕。他对总经理的解释是事先没有准备，总经理以为他不过是找个托词下台阶，就随口应道："等你准备好了再来试试吧。"

一周后，年轻人再次走进微软公司的大门，这次他依然没有成功。但比起第一次，他的表现要好得多。而总经理给他的回答仍然同上次一样："等你准备好了再来试吧。"就这样，这个青年先后 5 次踏进微软公司的大门去面试，最终被公司录用，成为公司的重点培养对象。

滴水何以穿石？坚持不懈而已。也许，我们的人生旅途上沼泽遍布，荆棘丛生；也许，我们追求的风景总是山重水复，不见柳暗花明；也许，我们前行的步履总是沉重蹒跚；也许，我们需要在黑暗中摸索很长时间，才能找寻到光明；也许，我们虔诚的信念会被世俗的尘雾缠绕，而不能自由翱翔；也许，我们高贵的灵魂暂时在现实中找不到寄放的净土……那么，我们为什么不可以以勇敢者的气魄，坚定而自信地对自己说一声"再试一次"!

人生天天在面试，一次失败不代表次次失败，我们无惧失败，只要抱定"再试一次"的信念，就有可能跨进成功的大门!

5.1 企业面试攻略

面试是用人单位挑选职工的一种重要方法。面试给单位和应聘者提供了进行双向交流的机会，能使单位和应聘者之间相互了解，从而双方都可更准确地做出聘用与否、受聘与否的决定。

“精心设计”使面试与一般性的交谈、面谈、谈话相区别。“在特定场景下”使面试与日常的观察、考察等测评方式相区别。日常的观察、考察，虽然也少不了面对面的观察与交谈，但那是在自然场景下进行的。面对面的观察、交谈等双向沟通方式，不但突出了面试“问”“听”“察”“析”“判”的综合性特色，而且使面试与一般的口试、笔试、操作演示、背景调查等人员素质测评的形式也区别开来。

即使是职场老手，在每次面试的时候也会遇到一些刁钻的面试题，特别是应聘世界500强这类名企，那更加不消说了。那么，这个时候应聘者该如何应对呢？如何让面试官对自己的回答感到满意呢？这些问题都是每个去面试的人最想知道的，下面我们来总结一下参加企业面试时一般会遇到怎样的问题，希望能够触类旁通，给毕业生们提供有益的帮助。

5.1.1 从面试提问的类型入手

一、行为化的或情景性的问题

面试官的提问，不会脱离学习、工作、生活的范围，也不会问你什么是对的或什么是错的。因此，一般而言，采取的方式就是将你放回到你过去曾经经历过的某件事情或某个情境中去，看看当时你是如何处理问题的。

二、角色扮演性的问题

例如，提出“假设你是专营店负责人，你的下属向你汇报下列各项问题，你会如何处理它？”这类问题。面试官提出这类问题，可能是因为在你过去的经历中无法找到特别相关的可以考察你的潜力的例子，或者他列举的是一个商业环境之中非常普遍也非常难以处理的问题，想看一下你有什么创造性的解决方案，或有什么分析问题的新思路。

三、行业相关问题

面试官或者想知道你对相关行业的熟悉程度，或者想看一下你对于一些问题在不了解的情况下能够做出怎样的回答。

四、时事问题

面试官希望了解你是否是一个对时事发展给予关注、时时刻刻了解外部变化的人。另外，也希望看看你是否能对此做出具有分析力的陈述。不过需要提醒的是，对于非常有争议的时事问题要小心回答，尽量回答得中立一点。

五、忠诚度问题

公司都希望你确实对它感兴趣，也希望你未来的职业发展与公司能够赋予你的东西相吻合，因此会有不少类似“你为何要应聘本公司？”“你的职业发展规划是怎样的?”等问题，目的其实都比较清楚，除了看一下你是否对自己应该做什么比较清晰以外，还要考虑你的忠诚度问题。

5.1.2　从面试提问的目的入手

作为面试官，他们所有的问题其实都是围绕着能力素质来展开的。无论他们提问的角度怎样，提问的类型又是如何，最终所期待了解的就是“你是否具备那些职业素养、专业技能和相关经验”。

在一定时间范围内，专业技能与相关经验对于一位求职者而言是稳定且难以改变的，而职业素养才是面试官所需要了解的关键内容。

1. 分析判断能力

分析能力、市场敏感度、创造力、清晰的目的性、学习能力、结构化的思维能力。

2. 人际交往能力

领导力、沟通影响力、团队合作能力、客户服务能力。

3. 工作态度

开拓能力、诚信正直、职业化的行为、高效的工作能力、计划与自我管理能力、充满工作激情。

延伸阅读

图 5-1 为问题回答思路框图，可参考。

你是否具备那些职业素养、专业技能和相关经验?

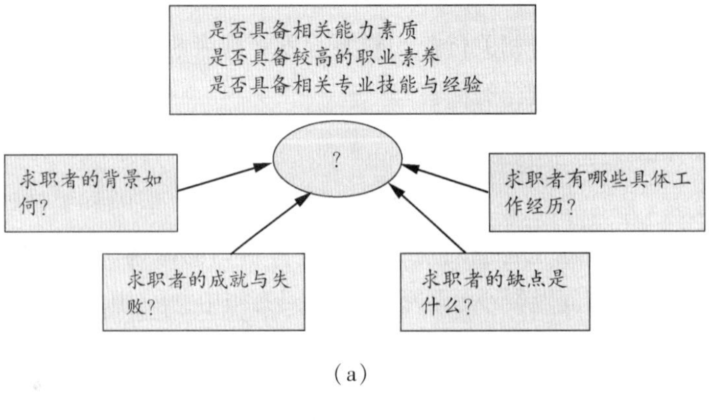

(a)

你是如何安排日常工作的？

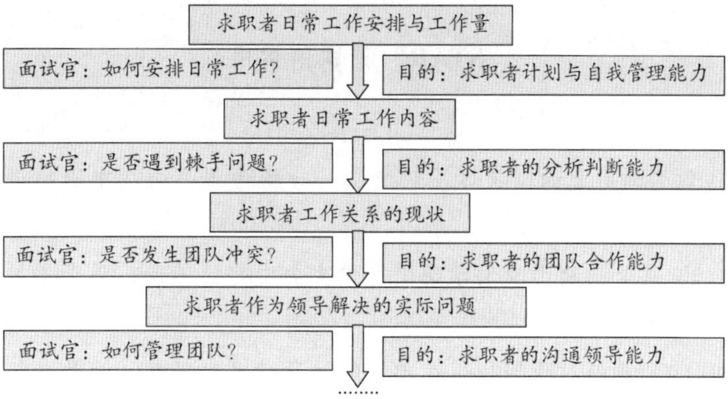

(b)

图 5-1 问题回答思路框图

5.1.3 从面试回答逻辑入手

世界 500 强企业偏好的回答面试问题的逻辑框架，我们将其称为 STAR 法则。“STAR”就是“Situation or Task—Action—Result”的首字母缩写。

一、STAR 法则第一步：明确你的情况或任务

Situation or Task，明确你的任务是：①什么类型的；②怎样产生的；③当时的情况是怎样的。

二、STAR 法则第二步：决定你的行动

Action，明确你的行动：④针对这种情况的分析；⑤决定的行动方式。

三、STAR 法则第三步：确定结果

Result，最后告诉面试官：⑥结果怎样；⑦在这样的情况下你学到了什么。

根据以上 7 点，你能够非常轻松地掌握世界 500 强面试官偏好的描述事物的逻辑方式，在回答提问的时候，按照上述法则去组织你的语言表述，可以很容易地展现出自己分析及阐述问题的清晰性和逻辑性。

延伸阅读

“STAR”法则的运用

（一）

面试官：你的简历上面提及你策划组织了一场跨国公司在中国的调研活动，能否详细描述一下？

求职者：① 这是一项由我们学院团委学生会发起的活动，属于学习实践活动的一部分，当时我担任部长。

② 由于同学们普遍对跨国公司在中国的运营情况感兴趣，于是发起了这样一场活动。

③ 我们面对的问题是手头资料太少，没有充实的内容可供我们使用，需要为同学们建立了解跨国公司在中国的运营情况的平台。

④ 大家开会讨论后调研是获取资料的有效方法。

⑤ 我们制订了一个行动计划，有人负责与公司确认调研的时间，有人负责组成调研小组……

⑥ 我们的活动获得了巨大的成功，正如简历上面描述的那样，实地采访了一共35 家企业。

面试官：你在其中遇到什么问题，学到了哪些东西？

求职者：⑦我遇到了……学习到了……

（二）

面试官：你的简历上提及你策划组织了一次矿泉水的大型销售活动，能否详细描述一下？

求职者：① 这是一项由市场部和销售部联合策划的针对大型超市的促销活动，当时我担任这个项目的负责人。

② 由于时值夏季，正是矿泉水的销售旺季，为了增强产品的相对竞争力和市场占有率，提升销售量，我们发起了这样一次大型售卖活动。

③ 我们当时面对的困难是同类产品大量涌入市场，我们的产品在超市占有率不高，消费者对我们的产品了解不多。

④ 经过项目小组全体讨论，我们认为在十大卖场配备促销人员进行宣传、路演是提高品牌知名度和销量的最好方式。

⑤ 我们制订了行动计划，有人负责确认场地的事宜，有人负责……

⑥ 最终我们的活动获得了巨大成功，其间共有 16 万人次参与了活动，消费者

反响很好，销售量上升到平常的3倍，最主要的是我们通过此次活动在各大卖场打开了销路，吸引了许多顾客。

面试官：那么你在整个过程中最大的收获是什么？

求职者：⑦ 我在这项活动中最大的收获是……

5.1.4 从如何准备面试着手

参考了很多的面试攻略，各种各样的问题肯定会让大家头疼不已。事实上，经过删繁就简，我们会发现求职者在准备面试时，无非需要思考这样两个问题：

我所应聘的职位需要什么样的能力素质？我具备什么样的能力素质？

图5-2就是求职者准备面试的思路框图。

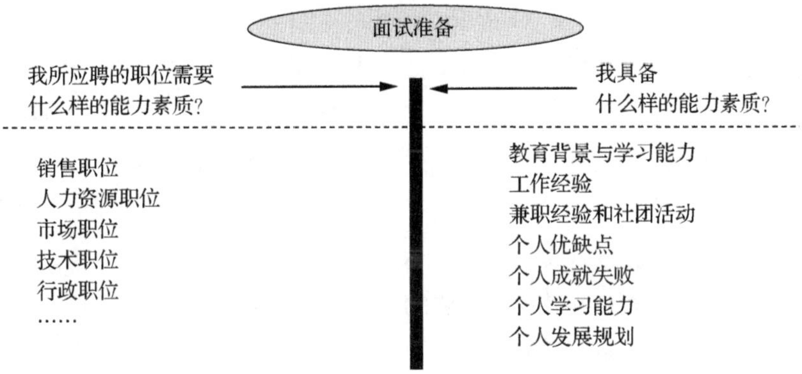

图5-2 面试准备思路框图

5.2 企业面试实战案例

下面综合了部分企业招聘时的面试案例，从他们共同关注的几个角度准备了一些典型案例，供求职者们学习参考，希望其能够触类旁通，有所获益，顺利通过面试关。

5.2.1 说明教育背景与学习能力的案例

案例分析

（一）

面试官：你就读于××学院商务英语专业，能介绍一下所学内容吗？你的专业成绩如何？

求职者：我的专业课程包括涉外文秘、国际贸易实务、函电与单证、进出口业务、人力资源管理、物流英语……成绩基本位于班级前20名。

面试官：很多人认为大学专业教育的内容对未来工作帮助不大，你如何看待这个问题？

求职者：这个问题没有绝对的答案，我认为应该从两方面来看。

首先，对于一些特定的工作而言，如信息技术、工程管理、科学研究等工作，大学专业教育的内容不但有帮助，而且是必需的，因为学习的内容是掌握未来工作专业技术的基础。

其次，对于一些管理、文化等非技术类的工作而言，如文秘、翻译、市场、销售、人力资源等，大学专业教育最重要的作用在于培养学生思考问题、解决问题的能力及学习知识、运用知识的能力。只要学生能够通过专业学习培养这种能力，无论学什么都可以从事这样的工作。

分析：此类问题应根据具体应聘的职位来回答，如果是专业技术性强的工作，应突出自己的专业背景和技术能力；对于一些专业壁垒不强的岗位，如行政、管理、销售等工作岗位，可以突出自己的能力素质，比如思维能力及学习能力。

（二）

面试官：根据你所提供的成绩单来看，你的成绩似乎并不非常稳定？

求职者：的确，我一年级的成绩并不好，但我的成绩的增长趋势非常明显，二三年级成绩有了显著提升，这主要是我后来重视学习和努力的结果。

面试官：除了成绩单外，你还有什么可以证明自己的学习能力？

求职者：很多人说大学教育是一种素质教育，而并非一种知识性质的教育。事实上，我的一年级成绩不好，是因为我认为我的专业发展方向与我未来的职业规划并不相符合，因此我将时间更多地放在参加学校的各类社团活动和学生组织上，以培养自己的组织能力和团队协调能力。而到了二年级，我认识到不少工作单位都比较看重员工专业基础知识，因此我加强了在学习方面的时间投入，并在上学期获得了奖学金。能够担任学生干部，能够迅速提高自己的成绩，也从侧面证明了我的学习能力。

面试官：如果重新选择，你会怎样平衡学习和社团活动?

求职者：我想在一年级时不能忽视学习，因为如果没有扎实的基础知识，到二三年级再开始努力，则会力不从心。同时在一年级时，我会参加一到两个社团或学生组织，把更多出于兴趣爱好而参加的社团放在二三年级去参与，因为那时空余时间较多。

分析：面试官的第一个问题其实已经暗指该求职者的成绩不尽如人意，但是该求职者能够从趋势上面做文章，是比较有智慧的。

求职者对于第二个问题的回答更是给出了强有力的例证，既说明了自己一年级成绩不好是经过自己分析和理性选择的，而并非不能够经受大学丰富多彩的课外生活的诱惑而引起的，同时也说明了一旦自己认识到专业基础知识的重要性，其学习成绩就会得到迅速的提升，从而为其“学习能力”提供了最佳支持。

5.2.2　说明工作经验的案例

案例分析

（　）

面试官：你的简历中提及你曾经在某大型制造企业担任行政管理专员，请问你的具体职责是什么?

求职者：我的基本工作是处理各类行政事务，包括会议、接待、对外联络、文件传送等。

面试官：能介绍一下你主持过的某一次会议吗?

求职者：可以的。首先，我有着两点非常明确的目标：第一，关注各个环节，提高会议的效率；第二，通过会议展示公司的文化。

针对我的第一个目标，我首先对会议进行了规划，确定会议的主旨演示文稿，听取总经理的意见，确定会议议程，确定会议所需设备和文件，并确定协助人员。

针对我的第二个目标，我遵循公司的价值观和企业精神，在来宾接待、礼品准备、宾馆联络、会议的组织和会议过程控制中体现出精益求精的追求，座位安排、会场布置、文件分装和定位，都给人以严谨务实、精益求精的风格。我致力于通过组织活动输出企业文化，给来宾留下了深刻的印象。

面试官：会议确实要做好规划，但是在实际操作中，却往往没有最终实现这些目标，你认为原因在哪里？

求职者：我完全同意您所说的，组织会议经常会出现或多或少的问题，情况不尽如人意。我认为最重要的一点在于：我们具体主持的人员一定要改变随意性的习惯，不因事小而不为。其次，我们也可以对会议组织进行标准化管理，建立会议规范，说到底，关键在于改变人的思想。

但每个人的思维、工作习惯都是具有定式的，一旦他们习惯了某一种方式，可能短期内很难改变。

分析：该求职者的回答非常专业，并且能够突出他是一个善于思考和总结且目标十分清晰的人。

首先，该求职者在描述个人职责时，突出了自己的项目管理经验，而不是仅仅泛泛地描述一些一般性的职责，很好地引导了面试官来针对他擅长的领域和闪光点提问。

其次，该求职者描述项目具体内容时逻辑清晰，且有效把握了工作目标，汇报了工作结果。

该求职者第三回合的回答很好地呼应了面试官的提问，一方面非常容易引起面试官的共鸣，另一方面体现了自己的项目运作心得和思考问题、分析问题的能力。

（二）

面试官：你在简历中提及曾经在某银行的信用卡业务部工作，你的日常工作是什么？

求职者：我主要负责协助开户业务，统计业务数据并做基础分析。在我工作期间，我还参与过某银行信用卡业务的推广活动，协助策划并实施信用卡业务在校园的推广。

面试官：你觉得你对所在部门的最大贡献是什么？

求职者：事实上这样一家银行的业务流程和操作模式都是非常成熟的，而我刚毕业就进入这样一家银行工作，主要是以学习为主。我认为我对所在部门最大的贡献就在于从一个刚离开校园不久的新员工的视角提出信用卡在校园推广的建议。学生虽然没有很大的购买力，但是从长远考虑，他们将是一个巨大的信用卡潜在消费群体。因此，如何把握学生的心理进行宣传和推广就是我最主要的贡献。

分析：该求职者能够正视自身在原先工作团队中所处的位置，并没有过分夸大自己的工作范围和成果，给了面试官诚实正直的初步印象。同时，他也从独特的视角告诉了面试官自己的工作经验，既诚实可信又给人耳目一新的感觉。对于很多应聘者来说，如何在合理可信地描述自己实习过程的同时，又能突出自己的闪光点，这种处理方式是很好的示范。

5.2.3 说明兼职经验和社团活动的案例

案例分析

(一)

面试官：你曾经在学校里的学生超市做勤工俭学，说说你有什么收获。

求职者：首先，通过勤工俭学来获得一份收入，可以贴补我的生活费用，减轻父母的压力；其次，我通过这种方式，加强了自己的独立意识，培养了独立生活的能力；再次，学生超市在学校里也是社团的一种，我觉得加入这样一个组织，能和很多人一起共同努力，给了我很强的集体归属感。

面试官：据我所知，这样一份兼职会占用你很多的时间，你是如何平衡你的工作和学习之间的关系的?

求职者：是的，这份兼职占用了我相当多的时间，但我并没有放弃我的学习，毕竟作为一名学生，学习才是最主要的。在工作中我非常努力，同时这种态度也贯穿于我的学习之中。不可避免地，我也牺牲了相当多的娱乐休息时间用于学习。因为我明白，既然选择了做兼职，就必须要牺牲一些原本可以用于放松的时间。回望大学这几年，工作和学习均兼顾到了。

分析：很多学生都会有在学校一些实体或社团的经历，但不是每个人都能成为社团和实体的领导者。上面的求职者就是从学校里的学生超市一名普通成员的角度，很好地描述了自己的收获，强调他的独立意识，很能打动面试官。同时，该求职者又很好地阐述了如何平衡学习与兼职之间的关系，明确了以学习为本的原则，这也是至关重要的。

(二)

面试官：作为班长，你主要的职责有哪些?

求职者：我的职责是统筹管理班级同学的学习和生活，定期组织班会并且开展班级活动，协调8个班级委员管理好班级的各项事务。

面试官：你觉得在你的任期内，在你组织过的活动和管理的事务中，哪一项是让你最有成就感的?

求职者:我认为最有成就感的活动是我组织的一次“破冰行动”。我们班级一共有六十余人,来自全国各地,大家的文化背景和生活习惯有所不同,虽然相处了一年,仍然有不少同学互相之间并不熟悉。而“破冰行动”的目的就是要打破这种隔阂与陌生感。在这次行动中,我们组织的一个经典活动就是“各地文化大家谈”,让来自全国各地的同学分享家乡的旅游景点、文化习惯。这个活动获得了非常好的反馈。一方面,不少同学很高兴能有机会与大家分享自己的所见所闻;另一方面,其他同学也十分愿意通过这样的方式去了解各地的风土人情。

分析:该求职者针对第二个问题所举的例子十分生动有力,易给面试官留下深刻的印象。组织这样一次具有创意的活动使得班长的职责变得更为具体和生动。

对于应届毕业生,没有具体的工作经验,兼职、社会实践以及社团活动经验是面试官了解求职者能力和潜力的最主要方面。求职者对于这类问题的回答应给出充分的信息,表现自己的能力。

5.2.4 说明个人优缺点的案例

案例分析

(一)

面试官:你认为自己最大的优点和缺点是什么?

求职者:我最大的优点是比较有细心、耐心。无论面对多么复杂枯燥的数据处理工作,我都会尽量做到分毫不差;无论事情多么繁琐和细致,我都会努力使其有计划地进行。我在学院学生会担任秘书长的工作,负责的事务是非常繁琐细致的,但是我的特长就是使其有计划地进行,协调各方的工作,确保各个方面都不会出问题。

而我最大的缺点也是由我的优点衍生出来的,因为我认为时间、成本和质量是相互制约的,有的时候我会为了工作的质量而牺牲时间,但在以后我会注意,在处理一些不需要高精确度的工作时能够平衡时间和质量的关系。

(二)

面试官:如果请你担任一个团队的领导人,你认为自己最大的优势和劣势是什么?

求职者：我认为自己最大的优势是比较稳重踏实，具有实干精神，十分有责任心。对于一项工作，我会把它的方方面面都尽量考虑到位，清楚分析它的利弊得失，预判它可能的结果，我比较认同对一项工作有一定的了解后再去做。作为一名团队的领导人物，对于一些突发的紧急情况，我也能够沉着冷静地处理。

而我最大的劣势可能就是我并不那么习惯于创新，但并不是说我不能够创新，而是我可能首先考虑的是如何有效地实施，在一开始就否决掉许多我认为可能无法实施的想法。

分析：求职者在回答这类问题时，对于缺点（劣势）的回答需要慎重，在面试之前就分析应聘职位所需的能力素质，要避免恰好自己提及的缺点是这个职位不可或缺的能力要求。另外，还可以强调对缺点（劣势）的改进方案，给面试官留下知错能改的好印象。需要准备几个具体事例来丰富自己的描述，增加可信度。

5.2.5　说明个人成就和失败的案例

案例分析

（一）

面试官：是否可以和我分享一下你在学习、生活、社团活动和工作中所获得的最大的成功和失败？

求职者：我认为我最大的成功是在“挑战杯”创业计划大赛上获得江苏地区二等奖。当时我和另外三名同学组成了一个团队参加该项比赛，我们的主题是“车载广告在实际生活当中的运用”。由于我本身是学理科的，在这之前对经济管理知识一无所知，所以在那段时间都是边学习边工作，度过了无数个不眠之夜，最终，通过努力，我们获得了江苏地区的二等奖。我最高兴的一刻就是在赛场上进行总结性陈述的时候，虽然上台演讲时我非常紧张，但是演讲结束时团队成员认可的眼神和台下热烈的掌声让我相信自己是成功的。

因为我是一个乐观的人，在我的词典里没有“失败”这两个字，要有也只是遗憾。如果一定要我说出一个，那就是在“挑战杯”创业计划大赛上因为名额限制没有入围全国比赛，我认为我应该可以做得更好。

分析：求职者描述自己的个人成就与失败，需要把握自己的失败尺度。尽量不要令面试官感到这一失败意味着应聘者具有某方面的缺憾或能力、性格的不足。可以运用“偷换概念”或利用从失败中总结经验来弥补失败，但不要一味回避，可以依面试官和求职者的具体情况而定。

该求职者充分描述了他从完全不懂经济管理知识到参与比赛并得奖，这是十分难能可贵的，因为他向面试官证明了自己的学习能力和进取心。

（二）

面试官：是否可以和我分享一下你在以往的工作中最大的成就和失败?

求职者：我最大的成就是我帮助了一个民营企业扭亏为盈。作为一名咨询顾问，我主要的工作是负责为大学生进行就业指导和提供企业管理咨询服务。当时有一家亏损的民营企业希望我能为其进行管理咨询，使其能正常运作并盈利，我主动接下了这个项目。我们在前期收集了大量的信息，经过了解调研，我们发现这家企业的主要问题在于人才的吸收和利用。用大量的资金引进技术和人才，但都没有真正发挥作用。我们根据其实际情况，分析了所有岗位的工作，明确了岗位职责，确立了人才引进和激励机制。通过这一系列的措施，企业在一年内重新盈利。虽然我后来又多次获得成功，但这是我在企业咨询服务方面的第一次成功，我把它认为是我至今所斩获的最大的成功。

最大的失败是有一次我对企业内部的一些实际情况没有考虑周全，在实施咨询方案时，客户领导班子内部出现分歧，导致我们的方案没有被贯彻实施。这件事告诉我在咨询的前期要充分了解客户的实际情况，根据客户的实际情况来做出切实可行的咨询方案，这样才能真正使客户满意，也使自己的工作有成果。

分析：该求职者对于失败事例的选择十分聪明，既没有忽视自己的责任，但也不承担失败的全部责任，并在最后阐明了自己从中吸取的教训，这是很好的做法。

5.2.6 说明个人学习能力的案例

案例分析

（一）

面试官：你认为在你过去三年的学习过程中最主要的三个学习点是什么?

求职者：首先是专业知识。在过去的三年时间里，我掌握了行政管理的基础知识，对一些基本的管理操作技术有了一定的了解。其次是学习知识的能力和思维方式。进入大学以后，自学占了很大一部分，我学会根据自己的需要有选择地学习，而且，最重要的往往不是知识本身，而是想问题、分析问题和解决问题的思维方式。

最后是独立意识，这不仅仅体现在生活上，更体现在对自己前途的规划上，要做什么、怎么做都要自己来选择。

分析：该求职者从知识、能力和素质三方面阐述了自己在大学中的主要学习点，全面表现了自己是一个优秀的毕业生。这样的一种描述方法能够非常有效地使面试官对该求职者能在未来胜任工作充满信心。以下是回答该问题的思路解析（图5-3）：

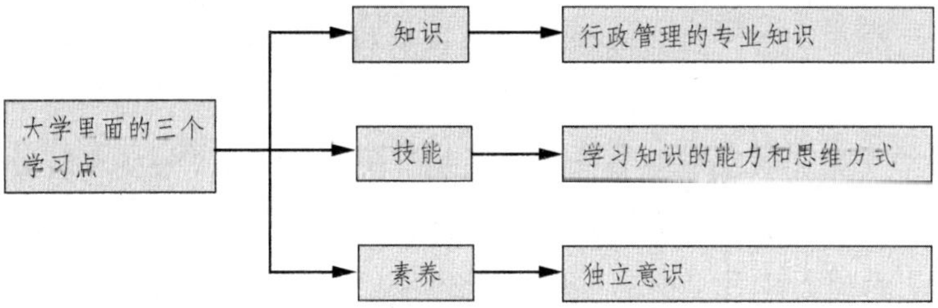

图5-3 回答问题的思路解析

（二）

面试官：翻译是一份需要不断学习的职业，能否给出一个你通过快速学习解决工作问题的实例？

求职者：作为一名翻译，我认为至今我最大的成功是为公司完成了一次设备手册的翻译。当时公司成立不久，引进了一批设备，由于缺乏人手，总经理要我来负责所有设备手册的翻译工作。我本身是学英语的，对于机械设备我不甚了解，所以在一开始我十分担心不能按时完成任务。为了克服这方面的不足，我查看了许多相关资料，查阅了很多类似设备的手册，边学习边着手翻译，并组织其他同事一起讨论修改。那段时间每天只能睡几个小时，最后我终于完成了所有手册的翻译，并得到高层的好评。在后来的设备安装及使用中，我的翻译也被证明是十分准确的。

分析：该求职者虽然是一名商务英语专业毕业的翻译，但是却用翻译机械设备手册的事例来阐述自己的成功，是十分新颖的。利用这个例子，既强调了自己对新知识的接受和学习能力，还把作为翻译本身的相关能力蕴涵其中。

回答这一类的问题，应注意对事例的描述要尽量清晰，给出当时情况是怎样的，为什么学习，怎样学习，最终达到怎样的效果。这样可以使面试官很快抓住你回答中的重点，了解你的学习能力。

5.2.7 说明个人发展规划的案例

案例分析

(一)

面试官：你在未来三到五年内的规划是怎样的？你希望五年后的自己是什么样子？

求职者：我首先会选择进入一家著名的跨国外资企业，先从底层做起，打好坚实的基础，在三年后成为一名主管，然后通过两年的锻炼，在五年后成为企业的生产部门经理。希望五年后，我是一名外资企业薪水较高的中层经理人，由一名成功的蓝领向金领进发。

(二)

面试官：你未来的职业规划是怎样的？如果要给你的人生制定一个目标，你会如何制定？

求职者：我希望花若干年时间在一个领域的岗位上工作，学习实际的工作技能，然后找到一个自己喜欢的确定方向，根据实际情况选择全职或在职方式攻读本科生(或硕士生)。在我 40 岁左右，我希望能够进入某职业技术学院校园，成为一名大学专职讲师，把工作中实用的东西和学术的东西完美结合，更有效地传授知识，帮助我的年轻校友们更好地成长。我认为这是我想要的人生。

分析：对于这类问题的回答没有统一的答案，无论是希望成为职业经理人，还是要出国留学或其他，你都可以突出“你在企业一天，就会为企业尽力工作一天的想法”，这样会使面试官认为你是一个“诚信”的员工，增加面试官的好感。

原则上，对于毕业生而言，表现出自己希望毕业之后加入所应聘的公司的意愿还是非常重要的。

5.2.8 角色扮演问题的案例

案例分析

销售职位的正直度问题

面试官：如果你现在是一名经理，发现你的一名下属的行为违反了公司的行为准则，并且涉及一些财务问题。但他工作表现十分优秀，又是你非常信任的员工，与你的个人关系也很好，你会怎么处理？

求职者：首先我会搜集一些材料，对情况进行核实，以免发生误会。等事情确定以后，我会根据事情的严重性做出判断。如果他触犯的是公司原则性的问题，那我会根据公司的规定进行处理，很可能开除他。如果事情相对不那么严重或者在过程中有十分特殊的原因，我会与我的上司进行讨论，然后再进行处理。但无论怎样，原则上的衡量标准要依据公司的规定。

分析：该求职者能够做到首先客观地收集信息，确认事实，说明他处理问题的思想与方法很成熟。他能够根据不同程度分别处理，且自始至终都尽可能地保持客观的态度，根据公司的准则处理问题。

同时，他处理问题又保持了一定的灵活性，这样的回答可以使面试官认为他是一个处理问题非常冷静成熟、把公司利益放在首位、会按公司准则办事的人。

团队合作，处理冲突

面试官：如果你已经成为我公司的一名主管，现由你负责管理一个项目。在项目的团队中一共有6人，在一次会议上，观点对立的两方进行了激烈争论，这时，你作为领导者该如何协调？如果两方面不能达成共识，你又会如何处理？

求职者：首先我会聆听两方的观点和理由，并做出判断。如果我倾向于其中一方的观点，我会拿出数据和事实来说服另一方。如果我的观点是介于两者之间，我同样会基于数据和事实来证明我的立场。如果最后大家能够达成共识，自然最好。如果不能达成共识，我会坚持我的观点，但允许持保留意见的同事拿出更多的数据来和我沟通。总之，我的原则是立足数据与事实，每一位同事都有权表达自己的观点，我会尽量让大家达成共识，如果不行，那作为领导者，我会最终做出一个决定。

分析：该求职者能够基于数据和事实说话，充分表现了他处理问题的成熟和圆融。既不独断专行，也不做和事佬，这种处事态度非常符合企业对员工的要求。

5.2.9　说明相关职位理解问题的案例

案例分析

（一）

面试官：你应聘的是供应链专员的职位，你认为你有能力胜任吗？

求职者：我认为作为一名供应链专员必须具备三种能力。第一是分析能力和统筹能力。我在学校里担任的是学习部长，我自信我的分析能力和统筹能力是比较强的。第二是沟通能力和团队合作精神。在我参加的社团和兼职中，我所担任的职位都需要广泛地与他人进行协作，进行沟通，所以在这方面我对自己有很大的信心。第三则是敬业精神。我认为这个岗位是一份繁忙而又必须细致不出差错的工作，工作的责任很大，压力也很大，所以敬业精神就十分重要，而我恰恰具备这样的敬业精神。

（二）

面试官：我在你的简历上看到你原来是担任行政秘书职位的，而你现在应聘的是市场管理部的职位，能谈谈你对市场管理部工作的理解吗？

求职者：我认为市场管理部门的工作就是通过市场信息来分析消费者的心理、偏好，使你的产品具有个性，在同类产品中更具有竞争力，瞄准特定的客户群体，挖掘尚未完全开发的市场。虽然我过去担任的是行政秘书的职位，但是我在此期间也参与了市场部门的一些项目，对市场管理部的工作有一定的认识和了解。同时我具备一名市场管理人员所必须具备的较强的创新意识和分析能力，又能把担任行政秘书的细心、敏锐带到新的工作中去。而我曾经在市场部参与项目的经验和我良好的学习能力、适应能力，也能够使我快速投入市场管理部的工作中去。

分析：该求职者不仅思路清晰，明确回答了自己对市场管理部门工作的认识，更重要的是表明了自己具备胜任这个职位的能力，这是十分重要的。

在回答这类问题时，首先要明白，面试官不仅希望知道你对应聘职位的理解，更想了解你是否具有胜任这个职位的能力素质，所以你自然可以在回答中加入一些你针对这个职位的能力列举。还可以准备一些相关案例，以备面试官追问。

5.3 企业典型职位面试实录

5.3.1 销售职位面试实录

面试官：你好，我是这家保险公司的销售经理，很高兴见到你。接下来我们将进行约半小时的面谈。我希望能了解一下你是否适合我们公司的这个职位。首先，请你做一下自我介绍。

求职者：我叫李某，毕业于××职业技术学院，专业是商务日语，是应届毕业生。我从网上了解到贵公司正在招聘销售专员，非常感兴趣。

面试官：那你为什么会来应聘这个职位呢？

求职者：作为一名应届毕业生，我希望自己的第一份工作充满挑战，可以丰富自己的经历。作为销售专员，会遇到许多各种类型的、不同层面的人，可以磨炼自己。因为我刚刚踏上社会，开始工作时遇到挫折在所难免，但我相信，虽然选择保险业的销售专员这个职位比我选择自己专业范围内的行政文秘类工作要更加辛苦，但我会得到更多的锻炼，创造更多的机会，对自己的未来成长也比较有利。

面试官：你读的商务日语是一门比较不好学的专业，能够顺利毕业肯定付出了很多的努力，现在你放弃它来做销售，会不会感到遗憾？

求职者：或许是有一点遗憾，但我更希望获得挑战。我说过我对自己有一个定位，我希望我从事的工作首先是自己感兴趣的，其次是适合我的。作为保险业的销售专员，我认为我的工作不仅仅是把自己的产品推销出去，在这个过程中也会涉及许多经济、财务的问题，甚至会和外国客户接触，同样可以锻炼自己，发挥我的语言能力。而且我懂得礼仪方面的知识，这是我的专业对我的影响，这对于我和客户交流会很有帮助。

面试官：来应聘我们公司这个职位的有非常多的名校学生，他们的户口也都在这个城市，不需要我们公司考虑其他的问题，你认为你有什么理由能够说服我相信你比他们更优秀，更适合这个职位呢？

求职者：虽然我毕业的学校不算什么名校，但我认为个人适不适合某份工作并不是看他毕业于哪里，而是要看应聘者多方面的综合素质，如学习能力、运用知识的能力以及见识的广博等。我认为在这些方面，我的能力是很强的。

我可以举一个例子来证明这一点。在上海世博会上，我有幸通过组委会的筛选成为一名翻译。在一次休息的时候，一名外国朋友想和我们这些大学在校生开一个玩笑，所以就和他的翻译说："I want to go to the John's. "，这其实是美国的一种口语化的说法，是"我想去洗手间"的意思。当时大家都对美国的这种口语化表达不清楚，还以为他要见一位叫 John 的人，翻译中一位恰好叫 John 的人就急忙跑过去。我恰好在以前的一个英语培训班学过这个口语表达方法，我就解释给大家听。这件事给了我很大的信心。我想，一个人的教育背景、学校的好坏并不是最重要的，重要的是他在学校里学到了什么，是否具备运用知识的能力。

面试官：我从你的简历中也看到你曾经获得了诸如优秀毕业生、奖学金等奖励，你认为你和你的同学有什么不同，为什么能够获得这些奖励？

求职者：我认为最主要是我自己的努力。在大学里，自由度很大，没有老师每天来督促你学习以及学什么，主要靠自觉。如果你对自己没有具体要求，每天安于现状，或许现在拿专科毕业证书要找一份安稳的工作也不是特别难，但如果对自己有规划，希望自己的未来会有更多的可能性，那获得这些奖励无疑是进入好的企业、找到好的工作的基础。正是这样的想法和对未来的规划激励我不断努力学习。

面试官：你已经介绍了你的这些奖项来自自身的努力，我也在简历中看到你不仅获得许多奖项，更有丰富的实习兼职经历。请问在这些经历中，你认为你最大的成就是什么？最大的失败又是什么？

求职者：我想让我感到有成就感的事很多，哪一个是最大的成就很难说。我能说一下在这些成就中我印象最深刻的吗？

面试官：可以。

求职者：学校在大二下学期开设了市场营销课程，其中有许多案例带给我们很多新思想，老师教得也很有方法。有一次，他带着系里的 28 名学生去浙江，说爬山放松一下。在半山腰上有一座寺庙，老师就在那里给我们布置了一个有趣的课题。他给了我们一包梳子，要我们去推销给僧人。就常理来说僧人是没有头发不需要梳子的，但我们发现，由于那里的卫生条件不好，僧人们每天粘到许多灰尘，很不舒服，所以我们就把梳子推销给僧人，让他们用来刮去身上的灰尘，僧人用下来效果不错，但他们没有钱买。最后我们把梳子卖给了寺院的住持，并且我们给他提出了一个建议，可以把这些梳子当作纪念品送给进香的游客。这次可以说是我印象最深刻的一次经历，因为我们的营销策略是成功有效的。

面试官：那比较失败的又是什么呢？

求职者：最失败的可能是我大二时的一件事。当时电视台组织一次“扬帆杯主持人大赛”，我进入了复赛。由于当时我的心态不是很好，在一次即兴问题的回答中发挥严重失常，使我以一名之差与十佳失之交臂。这件事我到现在仍然感到遗憾，是我大学阶段最失败的一件事。

面试官：如果给你一次重来的机会，你会做哪些改善呢？

求职者：最主要的就是心态问题。我进入复赛都很顺利，学校里的同学和老师对我的期望也很高，自我感觉也一定能进入决赛。正是由于这样的想法，我在回答即兴问题时很冲动，没有充分利用时间考虑，遭遇失败。如果给我一次重来的机会，我会把我的心态调整好，让心平静下来。还有就是要在事前做好失败的准备，不能太骄傲。

面试官：你对销售工作的职责等都有一定的了解，你认为你性格中哪些是最适合从事销售工作的，能推动你完成销售目标，又有哪些是会阻碍到你从事销售工作的？

求职者：首先，我比较有亲和力，和陌生人能够很快熟悉起来。其次，我是那种坚强、乐观的人，就算在销售过程中遇到挫折，也不会被挫折打倒，我会很快站起来，重新面对问题，渡过难关。这些都是我从事销售工作的优势。至于阻碍因素，我想主要是我缺乏历练和社会阅历。因为我是一个刚实习的大学生，人际交往经验不多，我想这是我最缺乏的，也是必须通过较长时间才能够克服的。

面试官：我认为你缺乏社会阅历和经验是事实，但我想知道的是你性格或者能力素质中有哪一些是会阻碍你很好地完成销售工作的？

求职者：我是那种坚持不懈，遇到困难反而会迎难而上的人，所以在遇到一些没有机会的客户时，我可能会死追到底，不肯放弃。但在今后的工作中，我会注意这些问题。

面试官：如果你的一个客户已经基本接受了服务，但价格仍然谈不拢，而你给出的价格已是公司的最低价格，这时你会怎么办？

求职者：首先我会向客户再次强调服务的重要性。因为即便其他公司能够提供更低廉的价格，但一旦服务存在问题，势必留下后遗症，致使成本上升，反而得不偿失。如果仍不能说服客户的话，我会看看财务上是否有变通的可能，或者让出一部分我的奖励。如果还不行，我也不会当场答复，说我会回去再给他争取。然后在一两天后，我会告诉他，我已经和我的上级讨论过了，谁都希望以更低的价格买到东西，但在我的职权范围内，这个价格已经是最低的了，他也可以参照一下其他公司。如果不买也没有关系，我们可以交个朋友，以后有问题可以打电话联络我，我只能这样了。

面试官：那我们今天就到这里，我已经没有问题再问你了，你还有什么问题问我吗？

求职者：我希望知道什么时候能够收到面试的结果。

面试官：一旦被我们公司录用，我们会在两周内通知你，如果两周后仍然没有回音，那很遗憾，这次面试就没有结果了。

求职者：好的，那我静候佳音。再次感谢您给我时间和机会。

5.3.2 技术职位面试实录

面试官：你好，我是研发部的经理张某，欢迎你来我们单位应聘，首先，你可以介绍一下自己吗？

求职者：好的。我是来自××职业技术学院精细化学品生产专业的学生，我将于今年6月份从学校毕业。在学校期间，我学习了精细化学品生产等应用和理论方面的课程，成绩比较优秀，在班内是前10名的学生。同时，我担任了班长职务，组织了“开拓希望——希望工程助学调查”的暑期实践项目，获得了当年学校的优秀项目奖。我兴趣广泛，热衷参与公益活动。

面试官：谢谢你的介绍，从你的介绍中我可以看出你是一名非常优秀的学生。当然，我想了解得更详细一点，你可以谈谈你认为你在大学生活中真正学到了什么，你认为什么是最重要的？

求职者：首先，从知识的角度来讲，我学到了很多专业的知识，我的专业成绩还是相当优秀的；其次，也是更重要的，在大学的学习过程中，由于我所学的是理工科专业，使我养成了严谨的学习和工作态度，也培养了我周密的逻辑思维能力。

面试官：我们的工作确实需要员工具有严谨的工作态度，正如你刚才所谈到的。你可以举个具体的例子来说明一下吗？

求职者：当然可以。我去年在实验室协助老师为一个化工厂设计一个产品的生产工艺。当时我们是根据工厂给我们提供的一些数据来设计的，当工作开始后，出于严谨性，我主动去工厂抽测了一些数据，结果发现工厂提供的数据有相当的误差。经我修正后，保证了整个项目的顺利进行，避免了不必要的后期修正与返工，也得到了老师和工厂的好评。

面试官：谢谢！那能否谈谈你的特点，你自认为适合我们这份工作吗？

求职者：好的。首先我想讲一下我对研发这份工作的理解。我想，研发部的工作内容不仅仅是对产品配方的改进和创新，同时还包括了对产品受众意见和需求的搜集，以及产品成型后的消费者测试，不知道是不是这样？

面试官：是的，你对这份工作的理解非常正确。

求职者：一方面，从我的专业成绩上您可以看出，我做研发工作是有一定基础的，同时，我有着严谨的工作态度和锐意创新的精神。并且，在大学中担任学生干部的经历，培养了我很强的组织能力和领导能力，对于将来从事消费者调查和产品测试类的工作很有帮助，我相信我可以协调和执行得很好。从我个人角度来看，我非常喜欢研发部的工作。我觉得切身体验科技创新和产品创新给消费者带来的生活品质的改善，这是一种非常棒的感觉。

面试官：是的，作为一个研发部经理，我也和你一样，很喜欢这种感觉。顺便问一下，你在大学时有没有什么工作经历？当然，是指兼职的那种工作。

求职者：去年我曾经在一家国际乳品公司的研发部担任实习质量监控员。在那里，我主要从事质量监测的分析、评估与报告，当时经理对我的工作比较满意。在工作过程中，我熟悉了质量监控工作的流程和方法，同时也大致了解了研发部工作的内容和职责，并进一步培养了自己严谨的工作态度和掌握了科学分析的方法。

面试官：好的，谢谢。我们的面试就进行到这里。请问你有什么问题吗？

求职者：我想问一下，假如我可以加入贵公司，职业发展路径会是怎样的？

面试官：在刚开始工作时，你将会协助别人负责某一特定领域内的项目，如产品及包装工艺的设计和开发等。随着你专业知识和技能的增长，你会在世界性研究项目中担任更多的重要职能。在成为有经验的研究人员后，你可以根据自己长远的职业发展规划，选择在技术或管理方面得到进一步发展。无论哪种选择，都会有令你满意的回报。

求职者：好的，谢谢您！我静候佳音。再见！

面试官：再见！

以上就是一些典型职位的面试实录。

同学们，在我们迈向职场的过程中，每一刻都要胸怀梦想，每一步都需要审慎和坚定。脚下是坎坷或坦途，眼前有小利或有大害，“风物长宜放眼量”。只要我们能够淡定处世，不断学习，懂得反思，持续改进，必然会“直挂云帆济沧海”，总有一天会获得心仪的职业。

祝亲爱的同学们早日成为职场的弄潮儿！

【思考题】

1．准备一段150字左右的自我介绍，能在面试的时候成功吸引面试官的注意。

2．准备3个在面试结束之前向招聘企业提出的问题，并分别附上你所期待的答案，每个答案不超过200字。

第六讲 就业法规与维权

职场如同球场，要想赢得胜利，必须熟知规则，遵循规则，运用规则，才能抢得先机，纵横捭阖，攻城略地。马拉多纳是世界足球的超级大师，但回望他一路走来的绿茵之路，可以说是精彩不断，困扰不断，几起几落，人们时常在为他喝彩的同时又会扼腕叹息。他是一个极富争议的人，更多的人甚至还把他看成是“麻烦制造者”。但他终有觉悟的一天！当他在面对英格兰选手的故意侵犯时，不仅没有爆发，而是选择了克制，选择了遵守规则，不仅没有上了对手的当，保护了自己，更是赢得了整个足球世界的尊敬，成就了自己。作为一个即将跨入职场的新人，你会不会也和马拉多纳一样能够“Know the game，play the game”，展现出耀眼夺目的光华来？期待着，我们期待着你的爆发！

6.1 毕业前你该做些什么

马上要毕业啦！走出校门，意味着就要步入职场，人生的角色就要发生转变。在你的心情开始躁动之前，请先冷静地自问一下：此时我该做些什么呢？还有哪些手续要办？还有哪些流程要走？还有……

6.1.1 《毕业生就业协议书》的填写和签订

一、《毕业生就业协议书》的用途

《毕业生就业协议书》是毕业生和用人单位关于将来就业意向的初步约定，是对双方的基本条件以及即将签订的劳动合同的部分基本内容的大体认可，并经用人单位的上级主管部门和高校就业部门同意，一经毕业生、用人单位、高校、用人单位主管部门签字盖章，即具有一定的法律效力，是将来双方订立劳动合同的依据。

《毕业生就业协议书》是学院就业方案编制、档案发放、户口迁移的依据。

二、《毕业生就业协议书》填写说明

1. 个人填写

姓名、性别、学号、生源地、专业名称应与《推荐表》相关信息一致；学校代码按照规定填写；通信地址和联系电话需认真填写，以便上级教育主管部门核实毕业生就业信息。

2. 用人单位填写

在“用人单位名称”一栏中应填入用人单位全称，不得简写；在“单位隶属”一栏中应填入用人单位的上级人事主管部门（单位所在地人才服务中心）；在“单位性质和行业分类”一栏中由用人单位如实填写；在“档案接收”一栏中请毕业生务必告知用人单位认真填写（一般为就业单位所在地的人才服务中心），学院学生处将按照毕业生“档案接收”栏的地址，邮寄毕业生的档案。

三、《毕业生就业协议书》盖章说明

若毕业生希望今后户口和档案回原籍的话，只需在《毕业生就业协议书》上盖用人单位的章；若毕业生希望今后户口和档案留在就业单位所在地的话，需要在《毕业生就业协议书》上盖用人单位的章和用人单位所在地人才服务中心的毕业生调配章（或人才服务中心的接收函）。

四、《毕业生就业协议书》发放和上交时间

发放时间：每年的1月上旬。

上交时间：必须在毕业当年（办理毕业证当年）5月31日前上交学校。

五、《毕业生就业协议书》网上反馈

毕业生和用人单位签订《毕业生就业协议书》后应及时访问各省高校毕业生就业网络联盟反馈就业情况。

六、《毕业生就业协议书》的其他注意事项

1. 《毕业生就业协议书》的遗失和补办

《毕业生就业协议书》每人一份，每份对应一个编号。毕业生之间不能串用或借用他人的《毕业生就业协议书》，用他人《毕业生就业协议书》签订的协议无效。毕业生应妥善保管《毕业生就业协议书》，不得遗失，如遇特殊情况，应由班主任或辅导员填写《××××学院毕业生就业协议书补办申请表》，经院系审核相关材料并签署意见报学院招生就业处予以补办。

2. 毕业生改派

每位毕业生只能和一个用人单位签订《毕业生就业协议书》，协议一旦生效，原则上不予改派，如确因特殊情况（家庭重大变故的影响或其他不可抗拒的原因）

需要解除协议者，须先向学院招生就业处提出书面申请，经同意后出具原接收单位同意解约函件并收回所有原件，方可办理申领新的《毕业生就业协议书》，但毕业超过两年或已就业超过一年的不再办理改派。

3. 其他约定条件

毕业生与用人单位在签订《毕业生就业协议书》过程中有其他约定条件的必须在《毕业生就业协议书》中注明。《毕业生就业协议书》签订后，毕业生和用人单位应严格履行协议。

4. 注意条款的合理性

毕业生在签约过程中，一定要注意条款的合理性。《中华人民共和国劳动法》（以下简称《劳动法》）明确规定，用人单位不得以任何理由，向毕业生收取报名费、培训费、押金、保证金等，并以此作为是否录用的决定条件。

5. 及时签订劳动合同

毕业生与用人单位签订《毕业生就业协议书》后，一定要签署劳动合同。正式的劳动合同可能是学生毕业前签订、毕业后生效的，也可能是毕业后签订、立即生效的。一般《毕业生就业协议书》也会在劳动合同生效时，而终止其效力。

6. 注意违约金

《毕业生就业协议书》上规定的违约金和劳动合同中规定的违约金有严格区别，毕业生对于双方协商确立的违约金应充分注意它的合理性，违约金一般不应超过5 000元。

7. 保管好《毕业生就业协议书》

由于《毕业生就业协议书》具有复写功能，所以请不要折叠或作为垫纸书写。

6.1.2 毕业生档案的发放

1. 邮寄至就业单位所在地的人才服务中心

在《毕业生就业协议书》上加盖当地人才市场毕业生调配章（或接收函）的，可将学生档案邮寄至就业单位所在地的人才服务中心。

2. 邮寄至生源所在地的人才服务中心

在《毕业生就业协议书》上没有加盖当地人才市场毕业生调配章（或接收函）的，仅上交就业证明而未上交《毕业生就业协议书》的，继续深造未就业的，则将毕业生档案邮寄至生源所在地的人才服务中心。

6.1.3 毕业生户口的转移

一、户口迁至就业单位所在地的人才市场

在《毕业生就业协议书》上加盖当地人才市场毕业生调配章（或接收函）的，

户口迁至就业单位所在地的人才市场。

二、户口迁至原籍

在《毕业生就业协议书》上没有加盖当地人才市场毕业生调配章（或接收函）的，户口迁至原籍；向学校提交劳动合同（可以复印件）的学生户口迁回原籍；仅上交就业证明而未上交《毕业生就业协议书》的，户口也迁至原籍。

三、其他规定

入伍：户口不在学校所在地注销，毕业后直接迁往原籍。

出国留学：户口迁往原籍，方便学生办理出国后的各种相关手续。

当年10月底前没有上交《毕业生就业协议书》的学生户口一律迁回原籍。

6.1.4 毕业生《报到证》的领取、遗失或过期处理

1.《报到证》的领取

学院将学生上交的《毕业生就业协议书》送交省教育主管单位审核办理毕业生《报到证》，每位学生到班主任或辅导员处领取《报到证》。用人单位以《报到证》为依据，接收安排毕业生工作，并接转毕业生的人事档案、户口迁移手续等。《报到证》从签发之日算起有效期限为一个月。

2.《报到证》遗失处理

毕业生自签发《报到证》之日起一年之内遗失《报到证》，经本人申请、在市级以上报纸上登报申明作废，交所在学校审核、盖章，并按规定缴纳手续费后可以到省高校毕业生就业指导中心重新补办《报到证》，并在《报到证》备注栏内注明“遗失补发”字样。毕业生就业一年以后遗失《报到证》的，不予补办。按有关规定，由毕业学校和毕业生调配部门出具证明。

3.《报到证》过期处理

毕业生在领取《报到证》后，应在规定的报到期限内到用人单位报到。倘若因某种原因不能按期报到的，应书面通知用人单位说明理由，否则用人单位有权拒绝接收。

6.2 警惕“求职陷阱”

大学毕业生由于初涉就业市场，缺乏相关的阅历与经验，在求职过程中，因其求职心切，极易被一些不法分子或机构蒙骗，从而上当。所以，在求职过程中要提高警惕，加强自我保护意识，避免掉入“求职陷阱”。

所谓求职陷阱，就是指不法分子或机构利用人们求职心切而采用的手段，用于骗取求职人员的财物、个人信息或者低廉甚至免费的人工。

求职过程中的侵权、违法的行为多种多样。本节罗列一些例子，希望能够给你提供一些启示，帮助你树立良好的法律意识、维权意识，实现职业规划中既定的职业目标。

6.2.1 “试用期”陷阱

“试用期三个月，试用月薪 3 000 元，转正后月薪 7 000 元，另加各类津贴。”这样的薪资待遇可以吸引不少迫切求职的人们。于是，好不容易通过面试的应聘者们，勤勤恳恳地卖力工作，希望早点熬过三个月的试用期。结果往往是三个月一到，公司随便编个理由，就把他们打发回家了。其实，这些公司就是利用了试用期用工成本低廉的优势，钻了试用期解除劳动关系容易的空子，把短期工当作试用来处理，出最少的钱，用最好的人工。

每一个职位一般都会有最初的试用期，但有些用人单位会利用“试用期”一说，延长试用时间。《中华人民共和国劳动合同法》（以下简称《劳动合同法》）规定，试用期最长不得超过 6 个月。试用期只能在劳动合同中约定，不允许单独签订试用期合同……

案例分析

（一）

毕业生小王在新生入学教育的课上，得知现在的就业市场陷阱重重。学计算机专业的她除了在大一时认真学好法律基础课外，还利用业余时间比较系统地看了《劳动法》《劳动合同法》等法律法规，对于劳动就业的规定有了一个大致了解。毕业签约时，当单位提出“试用期 8 个月，试用期满后签订劳动合同”的要求时，小王依据自己掌握的法律知识，以《劳动合同法》规定试用期最长不得超过 6 个月，试用期必须包含在劳动合同期限内为由与单位据理力争，最终使单位按照《劳动合同法》的规定签订就业协议，较好地保护了自己的合法权益。

分析：在这个案例中，小王的试用期过长，不过因为她已经有了法律意识，并在之前已经比较系统地了解了法律和法规，因此保护了自己的权益。但是还有很多毕业生并没有像小王这样早做准备，也缺乏用法律保护自己的意识，因此，最终哑巴吃黄连，有苦无处诉。

（二）

小杨终于得到了某公司的试用通知，开始上班了。他做的工作是网络维护。第一天，主管带他到公司各个部门走了一圈，让小杨熟悉情况，主管对他的业务能力做了初步了解，对他也挺满意的。可是第二天，当他准备去上班的时候，却接到了公司打来的电话："对不起，你的那项工作我们已经有更合适的人选了，你不必来上班了。"对公司的这个临时"解雇"决定，小杨觉得十分气愤："我做错了什么？他们凭什么在上班的第二天就把我当鱿鱼炒了呢?"

即使再气愤，小杨也只能无可奈何地接受这个结果。因为从一开始，该公司就以试用为名，没有与他签订任何书面协议，他没有办法讨回公道。

分析：要提醒大家的是即使在试用期，也要和用人单位签订好试用协议。

6.2.2 "口头约定"陷阱

有些毕业生在毕业之前通过实习，已经和实习单位达成了录用意向，但由于只是口头约定，并没有签订任何合同、协议，最后遭到了不公正的对待。在这里提醒你，即使有就业协议，也不能代替劳动合同，更不用说口头约定了。

案例分析

小张事先在某公司毕业实习，实习结束后双方达成了就业录用意向。由于相互之间比较了解情况，彼此比较信任，因此双方仅就就业录用的相关事项进行了口头约定，小张认为自己工作的事就这么定了。没想到的是等他毕业后正式到公司报到时，公司以岗位已录满为由拒绝予以录用。

分析：由于小张与公司之间没有签订书面的就业协议，孰是孰非，已无法定论，小张只能自吞苦果。在这里提醒你：口头约定不具有法律效力。

6.2.3 "廉价劳动力"陷阱

有些用人单位不讲究诚信，会以各种方式，比如无故克扣工资、不缴纳社会保险费等，把刚刚毕业的大学生当作廉价劳动力使用。按照《劳动合同法》以及国家有关规定，企业必须为职工缴纳各类保险的部分费用，由职工缴纳的部分，也有明确的数额规定。

案例分析

小华顶岗实习时在一家规模较大的公司实习。由于表现出色，实习结束后被公司录用，这样她便在这家公司上班了。公司表示为她办理相关手续要再过两个月，小华也同意了，毕竟工作难得。尽管签订了劳动合同，小华仍未正式进入公司。慢慢地，她了解到，自己和同岗位的同事比，工资只有他们的60%，而且单位声称的手续问题至今拖着不给她办，也未给她交纳社会保险。

分析：案例中的小华虽然已经有了初步的法律意识，但是仍然缺乏维护自己权益的意识。虽然她发现了问题，却不知道该如何去解决问题。

案例分析

小吴毕业后到一家公司报到上班。工作一段时间后，小吴发现公司存在无故克扣员工工资和无故不缴纳社会保险费的现象。员工们对公司的这一做法十分不满，但是考虑到自己的工作岗位和发展机会，没有人敢于站出来对此质疑。小吴知道公司的做法是违反《劳动合同法》的，强烈的维权意识使他认为一定要采取措施保护自己和同事的合法权益。于是他以匿名的方式向当地劳动监察部门举报了公司的恶劣行径。劳动监察部门接到举报后，马上在查证属实的基础上对公司进行了处罚，同时责令公司返还克扣的员工工资，并按规定补交社会保险费。小吴以自己的行动维护了自己和同事的正当权益。

分析：这个案例告诉你的是当遇到类似问题时，要懂得运用法律武器，维护正当权益。

6.2.4　各种“费用”陷阱

一些用人单位不是真心引进人才给毕业生就业机会，而是从求职者的身上收取各种费用，加重大学毕业生的负担。

每一位求职者都希望能找到一份高薪工作。因此，一些用人单位就以夸张、离谱的高薪为诱饵。例如，一家根本就不起眼的公司，开出“欢迎社会新人，薪水15 000 元起”这样的标语来诱使求职者上钩。等到求职者办理“入职手续”时，对方就会要求应聘者交纳“建档费”“服装费”“风险押金”等费用。

案例分析

（一）

小李刚刚收到一家保险公司的复试通知，这让她十分欣喜。但是该公司接下来提出的要求又让她十分犹豫：该公司要求她在面试时交 100 元培训费、180 元考试费，如果她愿意的话，还可以再交 20 元，将考卷买回家提前做好上交。应聘怎么还要交这么多钱？到底该不该去，想到这家公司的待遇挺高的，如果放弃了就太可惜了，小李进退两难。

与上述案例中类似的费用还有诸如培训费、考试费、服装费、资料费等名目，这些不可靠的用人单位向求职的大学生收取的费用五花八门，有些毕业生不想放弃机会，便会先交费，但往往最后都是“打水漂”。

（二）

毕业生小赵通过网络找到了一家颇有影响力的民营企业。在正式就职之前，他来到该企业指定的培训中心交纳了相关的培训及服装费用。该企业承诺，如果职员在培训后因为企业的原因没有被录用，将退还培训中所有的费用。结果，由于企业人事调整，小赵没有进入该企业工作。但当他向该企业要求返还培训等费用时，因拿不出交费的证据而被拒绝。

分析：这是黑心单位常用的欺骗手法。这些公司在招聘时看不出任何问题，然后通知你被录用了，要求应聘者支付信息费、报名费、登记费、服装费、资料费、注册费等名目繁多的费用。一旦求聘者交纳各种费用后，就找各种理由推脱。故在应聘时，一定要瞪大眼睛，小心各种“费用”陷阱，保护好个人权益，避免不必要的损失。

6.2.5 诱人的“造星”陷阱

一些不法之徒编造与一些知名度高的艺人以及电视台、电影公司或唱片公司有联系，承诺可以代为安排工作并帮助你成为明星或模特，来诱使你缴付巨额金钱，参加其提供的训练课程。

案例分析

小吴毕业后在上海求职，看见一个招聘平面模特的信息，于是她就去应聘了。初次见面，招聘人员就把她好好夸了一番，说她很有气质，有培养前途，并马上要求为她拍摄一套写真，用于向一些相关的电视台、剧组、模特公司推荐她。在小吴欣然答应后，他们为她拍摄了一套数码写真，但要小吴支付 1 800 元的拍摄制作费。

小吴回家后，一直等不到被聘用的消息，打电话去询问他们，但这家单位总是找各种借口予以推脱。

分析：通常，被骗者在付款后，往往接不到任何被录用的通知或进一步的消息，或只接到性质及薪酬跟当初承诺不符的工作，而且无法取回已付的款项。

6.3 就业协议与劳动合同

6.3.1 就业协议与劳动合同的异同

毕业生在正式工作之前，都会与用人单位签订就业协议和劳动合同，一般签订就业协议在先，签订劳动合同在后。但你也许并不明确这两者有何不同，因此不能完全明确自己的责任与应当享有的权益。

案例分析

毕业生小蔡寒假期间在某地就业市场与某企业签订《毕业生就业协议书》，当地人事部门盖章进行签证，随后将《毕业生就业协议书》寄到学校，学校招生就业处盖章同意。后来小蔡又参加了某银行的招聘面试，该银行同意录用她。于是她向学校招生就业处索要《毕业生就业协议书》，遭到了拒绝。老师向她解释说因她已和某企业签订了协议，如再与该银行签订协议，则应先承担违约责任。小蔡表示很不理解。

分析：像小蔡这样的事例说明她对就业协议的法律性质还缺乏真正的了解，因此不明确自己对所签协议的用人单位负有何种责任，类似情况在应届大学毕业生求职者中比比皆是。

的确，毕业生就业协议和劳动合同并不是完全相同的，那么它们的共同之处与区别之处分别在哪里呢？我们大致归纳如下：

就业协议是高校毕业生与用人单位确立劳动关系的法律依据。就业协议的实质就是准劳动合同，是劳动合同的一种特殊表现形式。

劳动合同是劳动者与用人单位确立劳动关系，明确双方权利和义务关系的协议。《劳动合同法》规定，建立劳动关系应当订立劳动合同。就业协议是高校毕业生与用人单位确立劳动关系，明确双方在毕业生就业工作中权利和义务的协议。教育部颁布的《普通高等学校毕业生就业工作暂行规定》（教学〔1997〕6 号）要求："经供需见面和双向选择后，毕业生、用人单位和高等学校应当签订毕业生就业协议书，作为制订就业计划和派遣的依据。"

一、就业协议与劳动合同的相同之处

1. 合同的性质一致

用人单位对大学毕业生这类劳动者，与面向社会公开招聘的劳动者，在培养、使用、待遇等方面可能有所不同，但从确立劳动关系这一点来说，就业协议与劳动合同是一致的。

2. 主体的意思表达一致

就业协议签订者与劳动合同签订者在表达主观愿望时，意思表示真实、无强制胁迫方面是完全一致的。

3. 法律依据一致

由于就业协议是确立劳动关系的一种协议，用人单位在录用、接收毕业生之后，要有见习期（或试用期）、最低劳动年限的规定，这与劳动合同的要求相一致，因此就业协议应当遵循《劳动合同法》中劳动合同等方面的有关规定，发生争议纠纷应依法解决。

二、就业协议与劳动合同的不同之处

1. 适用的法律、法规不同

劳动合同适用《劳动合同法》及劳动人事部门颁布的有关劳动人事方面的规章。而就业协议因目前无就业法，也无国务院颁布的有关毕业生就业方面的法规，因此只能适用教育部颁发的《普通高等学校毕业生就业工作暂行规定》和有关政策。

2. 适用主体不同

劳动合同是劳动者与用人单位之间确立劳动关系的协议，只要双方当事人协商一致，符合国家的法律、行政法规，无欺诈、胁迫等行为，经双方签字盖章，合同即生效。目前的就业协议除毕业生与用人单位双方签字、盖章外，尚需学校和签证机关（人事部门）介入。

3. 内容不同

依据《劳动合同法》的规定，劳动合同的内容比较详细，而就业协议的条款比较简单，主要是毕业生如实向用人单位介绍自己的情况，愿意在规定期限内到用人单位报到，用人单位如实向毕业生介绍本单位情况，同意录用该毕业生，等等，另外还有一些简单条款。

4. 适用的人员不同

劳动合同可以适用于各类人员。凡是中华人民共和国公民，只要有劳动能力并符合法律规定的条件，经供需见面、双向选择，一经录用都可以与用人单位签订劳动合同；而就业协议适用的人群相对单一，只适用于高校毕业生和毕业的研究生。

5. 签订时间不同

一般来说，就业协议签订在前，劳动合同订立在后。就业协议是毕业生落实用人单位后签订的，就业协议的签订在学生离校之前。劳动合同是毕业生到用人单位报到后订立的。如果毕业生与用人单位在工资待遇、住房等方面有事先约定，可在就业协议的约定条款中加以注明，日后订立劳动合同时对此内容应予认可。

简单地说，两者的程度不同，劳动合同的法律力度较大，不管是权利还是义务，一旦签订，就必须遵守，一旦有违约现象，必须承担应负的责任。而协议带有双方协商的成分，一旦有一方违约，后果比合同要轻一些。

6.3.2 警惕“合同欺骗”

毕业生求职者们在签署劳动合同的过程中，应该注意提防“合同欺骗”。

一、单方合同

用人单位在合同中处处是“由甲方决定”“按照甲方的相关规定执行”等条款，无视乙方即劳动者应享有的权益。面对这样的合同，劳动者应当谨慎签约。

二、押金合同

用人单位在招工时以种种名目向劳动者收取风险基金、保证金、抵押金等，如果合同期内劳动者离职，这笔钱肯定要不回来。遇到这种情况，劳动者可向劳动监察部门举报。

三、幕后合同

一些企业在制定劳动合同时根本不与劳动者协商，也不向劳动者讲明合同内容，甚至有些合同条款与法规相抵触。劳动者如果签订这样的合同而使合法权益受到侵害，可向当地劳动仲裁机构申请裁定该合同为无效合同。

四、性命合同

一些提供带有风险工作的用人单位为了逃避责任，不按《劳动合同法》有关规定提供劳动保护，并提出“工伤自己负责”等条款。劳动者如果签下这类协议，无疑是拿自己的性命当儿戏。

五、包身合同

很多用人单位在劳动合同中明确提出3年内不得跳槽到同行业的公司工作，并以扣下劳动者人事档案相要挟。劳动部门提醒，非公司的核心技术人员，不涉及商业秘密的前提下，不受这类合同的制约。

六、备份合同

为了逃避劳动部门的检查，个别用人单位私下准备了至少两份合同，其中一份是假合同，内容完全按照有关部门的要求签订，但实际上并未按此执行，真正执行的是另一份合同。所以，劳动者一定要将自己亲笔签订的劳动合同副本收藏好，作为以后维权的依据。

合同是你维护自己合法权益的法律凭据，因此在签署合同之前，你一定要对相关内容和法律法规进行了解，保持警惕，才不会上当受骗。

6.4 违约责任与劳动争议

求职者一般都希望自己能够与所在单位互相信任、目标一致、同心同德、共同成长，不愿意与单位为了某些原因而撕破脸皮诉诸公堂。然而，就业协议和劳动合同的签订，就是为日后可能出现的违约责任与劳动争议问题而提前准备的，不管你愿不愿意面对这样的尴尬场面，你必须要做好面对它的准备。

我们只有对合同中规定的责任、义务有一个清醒的认识，熟知法律法规的有关规定，才能成竹在胸，安然面对。

6.4.1 三方协议

毕业前，毕业生们都会和学校、用人单位签订一份“三方协议”。对于三方协议的界定，一般理解为根据国家毕业生就业政策，毕业生、用人单位、学校在协议书上签字、盖章后，协议书便告生效，对三方面都具有约束力，各方面都应该遵守协议、履行协议。如果三方中有一方反悔的，即视为“违约”，而且必须向另外两方承担违约责任。

一般来说，学校作为毕业生和用人单位的见证方，一般不会涉及违约，可能出现违约问题的多是毕业生或用人单位。找到合适工作的毕业生，会事先和用人单位签订“三方协议”。“三方协议”的签订，往往意味着毕业生第一份工作的基本确定。那么，三方协议应该怎么签呢？

一、毕业生签订三方协议时要留心的六个细节

（1）要看填写的用人单位名称是否与单位的有效印鉴名称一致，如不一致，协议无效；填写自己的专业名称时，要与学校教务处的专业名称一致，不能简写。

（2）外企、合资企业、私企一般采用试用期，根据合同期的长短，可以从1～3个月不等，通常试用期为3个月，不得超过6个月。国家机关、高校、研究所一般采用见习期，通常为一年。

（3）不少单位为了留住学生，以高额违约金约束学生。学生在协商中要力争将违约金降到最低，通常违约金不得超过5 000元。但是，《劳动合同法》第二十三条规定：“对负有保密义务的劳动者，用人单位可以在劳动合同或者保密协议中与劳动者约定竞业限制条款，并约定在解除或者终止劳动合同后，在竞业限制期限内按月给予劳动者经济补偿。劳动者违反竞业限制约定的，应当按照约定向用人单位支付违约金。《劳动合同法》第二十五条规定，除第二十二条和第二十三条规定的情形外，用人单位不得与劳动者约定由劳动者承担违约金。

（4）现行的毕业生就业协议属“格式合同”，但“备注”部分允许三方另行约定各自的权利和义务。为了防止用人单位承诺一套做一套，毕业生可将签约前达成的休假、住房、保险等福利待遇在备注栏中说明，如发生纠纷，可以此维护自己的合法权益。

（5）当下许多高校为了提高自身就业率，强迫学生找熟人亲属签订“虚假协议”，这对于毕业生来说是不利的，毕业生不应当对此屈服。

（6）学生在签订协议时，要严格按照规定的步骤进行。等用人单位填写完毕盖章后再到学校招生就业处（或就业管理中心）签证盖章。切忌自己填写完毕后就直接到学校毕业生就业指导中心要求盖章。这样带来的后果是单位在填写时，工资待遇等与过去承诺的情况可能会大相径庭。学生却因为自己和学校都已经签字盖章，回天无力。毕业生或者逆来顺受，或者被迫赔偿用人单位违约金。

二、常见三方协议的违约状况

一般情况下，毕业生和用人单位会出现的违约情况大致分为以下几种：

1. 毕业生出现违约

（1）同时与多家单位签约，再定取舍。

（2）先确定一个用人单位垫底，一旦找到更理想的用人单位则抛弃前者，满足后者。

（3）向用人单位提供不真实的选用情况。

（4）其他违约行为。

2. 用人单位出现违约

（1）拒收毕业生。

（2）提供不真实的情况和虚假材料，误导毕业生与之签约。

（3）其他违约行为：如为约束毕业生而收取一些不合理费用；违反行政法规、规章，不执行有关规定，侵害毕业生的合法权益。

就业协议一经毕业生、用人单位、学校签署，即具有法律效力，任何一方不得擅自解除；否则违约方应向权利受损方支付协议条款所规定的违约金。从实际情况来看，就业违约多为毕业生违约。如果毕业生违约，除本人应承担违约责任、支付违约金、诚信受损外，往往还会造成其他不利后果，包括用人单位、学校甚至是其他毕业生都会受到一定的不良影响。因此，希望你在签署就业协议之前慎重思考，完全明确自己签署协议后所负有的责任，再确定签署就业协议。

当毕业生到用人单位报到后，三方协议即告终止，此时用人单位会与其签订一份正式的劳动合同，其中约定了劳动者在单位的试用期限、服务期限、工资待遇及其他各项福利等事宜。合同签订之后，双方即正式确定了劳动关系。

6.4.2 试用期权益

试用期是指包括在劳动合同期限内，用人单位对劳动者是否合格进行考核，劳动者对用人单位是否符合自己要求也约定考核的期限，这是一种双方双向选择的表现。

劳动合同之中约定的试用期是工作的第一个阶段，需要熟悉、学习、适应的内容很多，因此这也是你和用人单位双方最容易出现纠纷的阶段。我们将试用期比较容易出现的劳动纠纷做一个简单归纳。

一、试用期时限

试用期是用人单位和劳动者建立劳动关系后为相互了解、选择而约定的不超过6个月的考察期。试用期包括在劳动合同期限中。按照《劳动合同法》第十九条规定，劳动合同期限三个月以上不满一年的，试用期不得超过一个月；劳动合同期限一年以上不满三年的，试用期不得超过二个月；三年以上固定期限和无固定期限的劳动合同，试用期不得超过六个月。

同一用人单位与同一劳动者只能约定一次试用期。

以完成一定工作任务为期限的劳动合同或者劳动合同期限不满三个月的，不得约定试用期。

二、试用期辞职

根据《劳动法》第三十二条的规定，劳动者在试用期内可以随时通知用人单位解除劳动合同（无须提前通知）。有些用人单位在劳动合同中约定劳动者在试用期解除合同需承担违约责任，这实际上限制了劳动者的解除权。因此，这种约定是侵害劳动者合法权利的行为，对于这种约定条律，法律一般确认为无效。

案例分析

试用期辞职

晓晓毕业前与上海一家单位的广告部签订了就业协议，并在7月份毕业后来到这家单位上班。但是工作不久后她就发现自己的身体状况很难适应这里的劳动强度，而且现有工作也不利于自己今后的发展。于是在8月底，她向单位提交了解除协议申请。虽然单位答应了她的离职要求，却以违约为由，要求其必须缴纳5 000元人民币的违约金。晓晓觉得非常委屈，身体不好无法胜任工作是客观原因，再说现在还处于试用期，没有签订劳动合同，凭什么说自己违约？自己在公司已经干了一个多月，一分钱的工资都没拿到，凭什么还要交5 000元的违约金？由于晓晓不肯交违约金，单位就拒绝帮她办理离职手续。

分析：在本案例中，晓晓在7月份毕业后已按照约定与单位建立了劳动关系，原来的就业协议已经履行完毕。晓晓辞职时仍处于试用期内，根据《劳动法》规定，她随时可以解除劳动关系；如果双方没有签订劳动合同，那么也属于事实劳动关系，晓晓依然可以随时解除劳动关系而无须支付违约金。

三、试用期辞退

根据《劳动法》第二十五条规定，劳动者在试用期间被证明不符合录用条件的，用人单位可以解除劳动合同。法律规定很清楚，用人单位可解除劳动合同的条件是其必须举证劳动者在试用期间不符合录用条件。这里毕业生应当明确，用人单位要求解除劳动合同时，举证责任在用人单位，劳动者无须提供自己符合录用条件的证明。

如果在报到后，毕业生因为发生疾病不能坚持正常工作的，用人单位则应该按照在职人员的有关规定处理。即使处于试用期，用人单位也不能将其辞退。

四、只签试用期合同不签劳动合同

劳动者被用人单位录用后，双方可以在劳动合同中约定试用期，试用期应包括在劳动合同期限内，劳动合同是试用期存在的前提条件。不允许只签订试用期合同而不签订劳动合同。这样签订的试用期合同是无效的，但试用期合同的无效，并不导致《劳动法》对劳动者的保护失效。

6.4.3 纠纷处理

一旦真的出现了上述这些或者更多更为复杂的劳动纠纷，毕业生们又该如何应对呢？这就需要你清楚处理劳动争议的几种常用方式。

一、协商解决

劳动争议发生后，当事人就争议事项进行商量，使双方消除矛盾，找出解决争议的方法。不愿协商或者协商不成的，当事人可以申请调解或仲裁。

二、企业调解

劳动争议发生后，当事人可以向本单位劳动争议调解委员会申请调解，企业调解达成协议的，制作调解书，双方当事人应自觉履行（此协议不具有法律约束力）；如果从当事人申请之日起30日内未达成协议，则视为调解不成。当事人可以在60~90天内，向劳动争议仲裁委员会申请仲裁。另外，当事人不愿调解或调解达成协议后反悔的，也可直接向仲裁委员会申请仲裁。

三、劳动仲裁

劳动争议一般由所在行政区域内的劳动争议仲裁委员会受理，当发生争议的单位与职工不在同一劳动争议仲裁委员会管辖地区时，由职工当事人工资关系所在地的劳动争议仲裁委员会处理。如果当事人任何一方对裁决不服，则应在收到裁决书15日内向当地人民法院起诉。期满不起诉的，裁决书即发生法律效力，当事人对发生法律效力的调解书和裁决书应当依照规定的期限履行。

四、法院判决

当事人不服裁决向人民法院起诉的，法院将按照《民事诉讼法》的有关程序进行处理。首先对双方当事人进行民事调解，如果双方当事人就劳动争议达成协议，法院将制定民事调解书，调解书一经送达当事人立即生效，与判决书具有同等法律效力。如果调解不成，法院应当在规定的时间内做出书面判决。原被告任何一方对判决不服的，可在法定期限（自收到判决书起15日内）内向上级人民法院提起上诉。

6.5 不容忽视的“五险一金”

社会保险是一种为丧失劳动能力、暂时失去劳动岗位或因健康原因造成损失的人口提供收入或补偿的一种社会和经济制度。社会保险计划由政府制定，强制某一群体将其收入的一部分作为社会保险税（费）形成社会保险基金，在满足一定条件的情况下，被保险人可获得固定的收入或损失的补偿，它是一种再分配制度，它的目标是保证物质及劳动力的再生产和社会的稳定。社会保险的主要项目包括养老保险、医疗保险、失业保险、工伤保险、生育保险，俗称“五险”。

住房公积金，是指国家机关、国有企业、城镇集体企业、外商投资企业、城镇私营企业及其他城镇企业、事业单位、民办非企业单位、社会团体及其在职职工缴存的长期住房储金，俗称“一金”。

一般当毕业生成为用人单位的员工之后，用人单位都要为其缴纳养老保险、失业保险、医疗保险、工伤保险、生育保险和住房公积金，这是法定的，不可以漏缴少缴。但有些缺乏诚信的用人单位往往会利用毕业生存在实习期等理由推迟缴纳“五险一金”，给毕业生造成一定的损失。

案例分析

芳芳大学毕业后参加工作，没有和单位签订劳动合同。她的单位是一家私营企业，老板承诺试用期满后再给她缴“社保”。五个月后，芳芳转正了，结果得到的钱却更少了。原因有二：一是企业员工每个月要扣个人基金，其实就是押金。如果员工不干，他就把这笔钱没收了。如果做满一年，企业就把这笔钱算作年终奖发给员工。二是要扣下“社保”的钱。

分析：本案例中，所谓“社保”，就是我们所说的“五险一金”。芳芳的境遇十分尴尬，但有时情况会更糟，比如所加入的单位根本就是一家没有注册的公司，“五险一金”就更不知道该如何保障了。

如果你遇到了和芳芳类似的遭遇，绝不可以保持沉默，而应该主动去争取自己的权益，才能有机会使情况好转。

如果你“不幸”已经和企业签了《试用期合同》，也不用慌张。因为《试用期合同》是不受法律保护的，尤其是新人的“五险一金”，一般是不会写在《试用期合同》里的，而没有写进去的，你的“五险一金”权利就会自然地受到《劳动法》

的保护。企业雇主建立基金，应该与当事人协商，未取得一致的情况下，若企业单方面克扣员工的工资作为基金，则是被明令禁止的。企业若是有这种行为，可以通过向劳动监察部门举报的方式来加以解决。

如果你服务的公司还没有注册，这就意味着他们不具备开立“五险一金”账户的资格，你不妨向企业要“五险一金”中属于企业应缴纳部分的金额作为自由职业者的缴费。

如果企业有意违法拖长试用期的期限，并以“试用期”为借口，不为刚刚进入企业的毕业生交纳“五险一金”，就严重侵害了毕业生的权益。如遇到这种情况自己不能解决，就应尽快向当地劳动保障部门举报，请求帮助维权。

对于就业权益问题，可以在就业前了解一些相关的法律法规知识，如上网搜寻最新出台的《劳动法》《劳动合同法》，阅读相关法律法规，或向前辈们请教关于这方面的经验，做到心中有数。

众所周知，求职的道路不是平坦的，有陷阱，有荆棘，当然也会有让你惊喜不已的美丽风景。我们的求职过程，也是我们重要的一段成长历程，更是一个学习的过程。面对烂漫春花，我们要学会欣赏与自持；面对扑面巨浪，我们要学会抗争与规避；面对密布乌云，我们要学会乐观与淡定。唯有让学习贯穿于我们的终身，才能使我们的人生变得美丽无比！

【思考题】

1. 劳动合同与就业协议有什么区别？
2. 简述如何防范试用期的法律陷阱。

第七讲 职场适应与发展

毕业生获得了录取通知书，意味着可以迈出校园、步入职场，同样也意味着人生的一个至关重要的转折实现了。很多人都会为之兴高采烈，举杯庆祝。其实，跨入职场，完成从学生到现代职业人的角色转换，这只是人生梦想的开端，而真正壮丽恢宏的事业还需要我们的不懈努力与奋斗。我十分欣赏杜拉拉所说的这句话，“人生最精彩的，不是实现梦想的瞬间，而是坚持梦想的过程”。

用“戴上耳机，走在路上，世界的喧嚣与我无关”这样的态度去面对职场这样一个全新的环境，去面对工作、上司、同事、生活，你说行吗？人是环境动物，随着环境的改变，我们的思维也要跟着改变，甚至我们的行为、习惯、性格都要随之而变，这就是对环境的主动适应。

有句话说得好，“既然山不过来，那我们就过去”。职场，我们真的来了。

7.1 进入职场

踏入职场，毕业生们几乎没有什么工作经验，就是一名职场的新手。放下对校园的留恋，忘记过去的成功与失败，一切从头来过。多年熟稔的校园已经落在身后，职场新人面对的就是一切都很陌生的职场。所以，工作之初，必须要先了解未来将天天身处其中的职场环境（表 7-1）。

表 7-1 校园与职场的环境差异分析

项 目	学 校	职 场
人际关系	简单，稳定	复杂，变化
利益基础	互利，没有冲突	合作共赢，暗含博弈
主要目标	学生的成长	商业利益
考核指标	个人学习成绩	团队业绩

从表7-1不难看出，与校园相比，职场的人际关系更加复杂，利益基础以合作共赢为主，又暗含博弈与竞争，整个工作目标着眼于商业利益，考核指标主要以团队取得的业绩为主。

除了面临职业环境的变化外，毕业生还要完成从学生到现代职业人的角色转变。这两者存在着巨大的差异，在任务、权利、思维、立场等多方面有很大的区别。所以，毕业生在入职伊始，就要给自己重新定位，主动转变自己的思想，树立崭新的角色意识，了解自己的责任、权利和义务，主动去适应职场新环境。

7.1.1 从学生到现代职业人的转变

即将走出"象牙塔"，走上工作岗位，要实现由一名学生到一名现代职业人的转变，大学生必须调整心态，树立积极正确的观念，才能尽快适应社会，有所作为。

一、全面客观地评价自己

大学毕业生大多自视较高，在走出校门之前，大多有"天高任鸟飞，海阔凭鱼跃"，创造一番成就的宏大抱负，但他们对社会生活的估计往往过于简单或片面，他们的理想目标也不是建立在现实的客观条件之上，一旦遭遇挫折，很容易产生不安或不满情绪，失去竞争的勇气。其实，社会是一个万花筒，其中既有好的、有利于人发展的一面，也有不好的、不利于人发展的一面。作为大学生，只有正视现实，接受现实，正确地认识自己，了解自己，恰当地评价自己，将主观愿望与客观实际结合起来，才能站稳脚跟，找到真正成就一番事业的切入点。

二、主动调整生活节奏

结束了"宿舍—教室—图书馆"三点一线的学校生活，来到了一个生活节奏全然不同的新环境，只有主动调整自己的生活节奏，才能尽快适应新环境。首先，要适应作息时间的变化。如果是在医院、部队、公安等单位工作，还要适应三班倒或夜间值勤的工作规定。其次，由于南北方的生活习性、饮食结构、风土人情等差别，还要学会调整原来的生活习惯，养成新的生活习惯，顺利适应异地生活。再次，要学会安排自己的业余生活。在学校里课余有作业，晚间有自习，周末有丰富的文化活动。参加工作以后，业余时间的学习和文化生活主要靠自己来安排，不善于安排自己的业余生活同样很难适应新环境。

三、了解环境，进入角色

社会好比是一个大舞台，每个人都有自己的位置。毕业生进入新单位后，首先应该认清自己在工作环境中承担的工作角色以及这个角色的性质和职责范围，弄清楚工作关系中上级赋予自己的职权和自己必须承担的义务。只有这样，才能尽心尽力扮演好自己的角色。如果角色意识淡薄，一意孤行，我行我素，该请示的擅作主张，该自己处理的事不敢做主，或推给上司、同事，势必会与新环境格格不入。

四、完善现有的知识结构

任何一个毕业生都不可能在学校学到工作岗位上所需要的全部知识，这是因为学校培养的是专门人才。而实际工作中碰到的问题往往是综合性的，涉及多学科、多领域的知识。你是学工科的，领导要你写一篇新闻报道或调查报告，动起笔来你会感到很吃力；你是学新闻的，到工厂、科研单位采访，会因自然科学知识贫乏、不懂科技专业术语而力不从心。社会需要的是“通才”和“复合型人才”，要使自己胜任工作，适应新环境，必须不断根据工作需要学习新知识，完善自己的知识结构。总之，走向社会的大学毕业生必须明白，社会不会再像家长和老师一样欣赏你的天真清纯。社会将会关心但不会迁就年轻的新成员，社会要求新人遵守规则，社会期望新人做出贡献。社会与自然一样，奉行一条法则：适者生存。

7.1.2 职场新人入职前的准备

职场新人进入企业后，在适应新环境的过程中，一般会遇到三道“关”：一是“心态关”，二是“人际关系关”，三是“工作关”。心态不佳、工作不顺、人际交往困难，是这三道“关”的典型表现。职场新人只有安然度过这三道“关”，才能在岗位上稳定下来，顺利度过磨合期。

一、心态关

案例分析

小许是应用德语专业的毕业生，应聘成为一家德企的人事助理。由于缺乏人力资源管理的相关知识，她在工作中的反应不及同批的另两个新人灵敏。“我做的报表十有八九被退回来重做，现在每次交报表给领导前都要做十分钟的心理准备。”小许在校园 BBS 上发帖诉苦，她在工作中越来越战战兢兢：上司无意朝她所在的角落瞥一眼，她就感到上司在瞪她；开会时上司要求大家加强工作积极性，她就认为是在批评自己不努力……“我现在看到上司就像看到债主，焦虑死了。”小许说道。小许的帖子引来不少已毕业多年的校友的回复和鼓励，“没事的，我刚工作时也怕上司，后来发现她人其实特别好”。后来，小许听从师兄、师姐的建议，壮着胆子向上司请教了几回，业务能力逐渐提升，与上司关系也亲近了不少。

分析：害怕领导是职场新人普遍出现的情况。面对陌生的尤其是要求较高的工作环境，业务不熟练的新人往往会紧张，并把这种紧张投射到领导身上，表现得过于谨小慎微。有时职场新人反映，员工与老板犹如天敌，很难相处。面对这种状况，职场“菜鸟们”先要调整心态，意识到级别虽有差别，但领导也是人，大家的人格是平等的，并应尽快提高业务水平。与领导相处，首先，一定要尊重领导，服从领导的工作安排。其次，根据领导的不同风格选择适当的沟通方式。最后，坦诚相待，主动沟通，把握尺度。

二、人际关系关

案例分析

处理职场人际关系是职场新人的最大软肋。对此，入职才一个月的黄某深有感触。由于本部门的位子不够，她的座位被安排在其他部门，办公室里小小的格子间阻断了她和周围同事的交流。“作为一个新人，总是觉得少说少错，所以不敢主动去结识别人。原来的老员工又感觉没有必要去认识新人，这就出现了难以破冰的局面。”

“上班半个月，我和同事的交谈平均每天两句，分别是‘早上好’和‘再见’。”职场新人张某在微信群里这么自嘲。张某毕业后进入了一家国企的企宣部门，整个部门一共六个同事，年龄都比她大十几岁，谈论话题多为股市涨跌和子女教育，张某根本插不上话，认为同事们“没什么水平，只知道瞎扯”。每到午饭时间，她就拿出饭盒闷吃或者索性叫外卖，同事们则结伴到楼下的小饭馆轮流买单吃饭。不过这几天，张某的境况改善了不少。原来，一位师姐在她的“抱怨帖”做了这样的回复:“和同事一起吃饭是融入团体的捷径!”抱着将信将疑的心态，张某试着一起和同事去小饭馆吃饭。没想到此举收效甚好，同事们开始在工作上关照她了，一位中年同事告诉张某，之前同事们都觉得她“太清高”，但一起吃过几顿饭后，距离感很快就消失了。

分析：人际关系关是有些职场新人最难跨过的“坎”，尤其是复杂的办公室人际关系，常常令职场新人疲惫不堪，那么职场新人在这种情况下应该注意些什么呢？新人最不该成为两头倒的“墙头草”和拍马屁的“狗尾巴草”。“两头倒”容易变成办公室斗争的“炮灰”，“拍马屁”短期内或许能占到便宜，但时间久了会让大家看不起。所以，职场新人应端正自我，诚心向同事请教，踏实提高业务能力，友善待人，适度表达对周围人的赞美，但要拿捏好分寸，不可谄媚，更没必要卷入办公室同事之间的斗争。

三、工作关

案例分析

在一家外企工作的部门经理张先生讲述了两个职场新人的经历："我们部门来了两个新人，其中一个名校毕业的新人透着一股聪明劲，开始比较吸引我的注意力，我就有意给他锻炼一下。结果一段时间下来，发现此人不踏实，虽然口才很好，但一碰到烦琐的事就往后躲，最大的毛病是懒，几次考核后就被淘汰了。而另外一个是高职生，起先看起来笨笨的，但后来发现他很勤奋，很快就适应了环境，在我们那里发展得非常好。所以，在我看来，作为一个职场新人，勤快点总没有错，最忌讳的是眼高手低又懒惰。"

分析：对于一些别人都推脱不干的事，职场新人能主动要求接过来做，比较容易融入同事圈中，得到领导或者同事的赏识。其实，每一件事情都是向上司或同事展示自己学识或能力的机会，尽管单位开始不会对新人委以重任，往往让他们做一些比较琐碎的杂事、小事，但只有做好每一件小事，才能逐渐取得上司和同事的好感与信任。

企业看重的是一个员工的职业素质。职场新人要提高职业素质，一是要迅速掌握相关的职业技能，比如接受工作要问清职责和目标、请示工作要说备选方案、实施工作讲求效果、汇报工作直接说结果；二是要避免一些职场禁忌，如眼高手低、工作懒惰拖沓、上班打游戏或煲电话粥等；三是要谦虚，主动向前辈请教。

初入职场，首先要明确自己的职业角色，即了解"我该做什么"，其实就是要了解岗位的具体工作内容。接下来就是"怎么做""怎么做好"的问题。第一，必须要积极主动；第二，要树立目标；第三，重要事情先做。

延伸阅读

新人入职前的六个必要准备

对于职场新人来说，书本上学到的所有知识都不足以应对眼前的突发状况，很容易不知所措。所以，做好入职前的准备十分必要，这种准备不仅包括心理准备，也包括一些技术上的准备，如为人处世的规则等。只有做好充足的准备，才能做到从容不迫，应对自如。

一、熟悉同事

尽可能在一个人独处时随时记下你所遇到的人的姓名和头衔。下回你再遇到他们时，直接叫出他们的名字有助于你建立良好的人际关系。还要注意听别人怎么称呼他人。例如，同事们是否彼此只叫名字？称呼主管时要不要冠上职称？

二、学习公司的文化

公司跟人一样，有它独特鲜明的性格。每一家公司自有它的一套价值制度、可接受与不可接受的行为模式、奖惩办法、好恶、令人崇拜的人物和不为人知的事情。所以在你准备大展才华之前，必须对公司的文化有所了解。当然，公司也有其负面信息。例如，同事的罗曼史，能力平平的秘书，会议室里的尔虞我诈，办公室里的政治，等等。不管你喜不喜欢，建议你先不妨接受这些信息，从中吸取教训，但是不要介入（你也许比较希望以质疑的态度来看待这些事情）。如果你能跟公司这些灰色内容保持距离，就能够洁身自重，保全个人声誉，当然也能够保住饭碗。

三、谨慎行事

不要期待在开始的几星期就能欢呼庆祝胜利。你要眼观四面、耳听八方，有选择性地问问题，并且尽量做一个倾听者。“祸从口出”是自古至今的醒世名言。在公司里，你议论同事是非、对主管口出恶言，都可能会让你的事业毁于一旦。保持低调谦逊的态度总是对的。

四、跟主管建立融洽的关系

试图领会你的主管要的是什么。他喜欢简单明了的说明，还是喜欢长篇大论的解释？他喜欢你事无巨细地报告所有问题，还是只听重点？他很在乎守时与工作有没有如期完成吗？了解主管的“做事模式”和特别嗜好，可使你成为主管心目中的得力助手。

五、不要好高骛远

你对新工作的兴奋与憧憬，可能很快就会被单调、厌烦的情绪所替代。这是司空见惯的事情。毕竟，新的工作已经改变了你原来舒适的生活方式。有了工作以后，私人时间变少了，日常的生活步调也跟着变得难以控制。当你觉得怀才不遇时，也许你正处于缺乏安全感与对自我不肯定的状况下。面对这段自我要求较高的时期，你对自己本身以及将来应有切合实际的期望。由于是一个新人，你可能被分派到最不好的任务，被要求花更长的时间工作，甚至你领的薪水还很低。实际上，所有的专业领域都会有新人，因而这种情况不能算是要求过分或者不公平。入职初期的这段时间可训练你快速成长，以此为基础，你将拓展灿烂耀眼的职业生涯。

7.2 适应职场

毕业生初入职场，不管是环境，还是要应对的内容，都是新鲜的。面对新的环境、陌生的人群、复杂的人际关系，毕业生们难免有些不知所措。要想快速融入这个环境，适应自己的新角色，就必须付出努力。如何快速适应职场生活，成了职场新人们必须面对的问题之一。

7.2.1 了解生存法则

刚刚踏出校门的大学生们，即将走上一个个不同的岗位。如何去适应新的工作、融进新的办公圈子？这里列出了职场新人生存的“三大纪律”和“八项注意”。

一．新人“三大纪律”

1．主动转变，积极适应

从校园到公司是两个完全不同的环境，这是从书本知识学习向实际工作能力转变的一个过程，所以说，自觉转变自己的思维模式和行为模式，主动去接受现实、适应新环境，对于刚刚参加工作的新人来说至关重要。

2．谨言慎行，勤快工作

身在职场不能像在家里那么随心所欲。职场文化有成文的，也有不成文的，需要你自己摸索。

3．沟通合作，融入团队

有位人事经理曾说：“我从不录用不积极参加集体活动的毕业生。”在一个大集体中，要完成一项工作，占主导地位的往往不是一个人的能力，而是成员之间的协作能力。

二、新人“八项注意”

前三年的工作时间在个人职业发展的道路上是知识和经验积累的时期。往往在这个阶段，有很多人无法拒绝高薪和地位较高的职位的诱惑，开始频繁跳槽。职场新人应注意下面几项：

1．要有饱满的工作热情

要主动在工作中寻找乐趣，而不是被动应付工作。要为自己精心设计职业规划，包括近期目标和长远目标。

2．要善于观察思考

要养成善于观察思考的习惯，随时随地注意细心观察周围同事的喜好以及工作方式；当你仔细观察之后，就要想想他们为什么这样做，同时，还要考虑一下你该怎么做。

3. 要有吃苦耐劳的精神

吃苦耐劳要有目标性、选择性，不能盲目做没必要的事；吃苦耐劳不能凭一时兴趣，而要能坚持到底。

4. 要乐意做好琐碎的工作

“一屋不扫何以扫天下”，不能只做自己心目中的大事而不做小事，要知道所有的高楼都是由砖块堆砌起来的。琐碎的工作同样具有挑战性，还可以锻炼你的条理性、灵敏性。而且，不断重复做好小事，会养成好习惯。

5. 要改掉自身的小毛病

要善于发现自身的毛病，切勿视而不见。

6. 要懂得给自己充电

老板一般看重新人能否给公司带来活力，能否提出和接受新的经营观念。职场专家表示，老板学习能力越弱，就会越看重新人的学习能力和学习精神。

7. 要不怕工作挫折

在现有工作岗位上踏踏实实地做，不断地去解决问题，你将会发现你的承受能力、办事能力会因此提升很多。

8. 要怀有一颗感恩的心

当你对老板怀有感恩之心时，你也是在尊重自己的选择；同事之间的矛盾冲突也是难以避免的，只有相辅相成，才能共同进步。他们都是你的镜子，当你用感恩之心面对时，他们也会更加友好、愉快地与你相处。

7.2.2 明确岗位职责

岗位职责是某一工作岗位的职务所决定的职权范围以及相应承担的责任。明确岗位职责，可以规范工作流程，提高工作效率，减少工作中出现的摩擦、推诿与事故。岗位不同，职责也不同。初涉职场的新手们，更应该明确自己的岗位职责，认真履行职权，做好本职工作。

一、重视岗前培训，尽快进入角色

岗前培训对于新员工是非常重要的，主要内容包括介绍单位的成长历程、企业文化、发展理念、机构设置、规章制度、工作流程等多方面内容，是新员工了解工作单位的整体情况和具体岗位职责的最佳途径，有利于新员工尽快进入工作角色。

二、勤于学习，善于学习

在新的工作岗位上，要学习的知识和技能很多。只有勤于学习、善于学习，才能在较短的时间内适应工作的要求，特别是规章制度及与岗位相关的操作规范的学习。

三、树立责任意识，认真履行职责

既然来到单位，从事这份工作，就要热爱这份工作，树立高度的责任意识，以主人翁精神对待自己的工作，这样才能让工作更轻松，也会让事业更成功。

四、换位思考，尊重同事

同事和同学一样，是我们重要的人生伙伴。工作中我们要能够做到换位思考，经常从别人的角度思考问题，体谅领导和同事的难处。同事之间应增进理解，学会共享与分担，工作氛围也会更融洽。

五、学会聆听，加强沟通

不论工作多么繁忙，心情多么烦躁，一定要专心倾听同事的谈话，用尊重客观事实的态度去克服自己的偏向，这样才能做好沟通工作，也才能让同事感觉到自己是被重视的。简单粗暴的交流方式只会引发冲突，有百害而无一利。

六、提升执行力，不找借口

执行力是指贯彻战略意图，完成目标任务的实践操作能力。实践胜于空谈，任何企业都非常看重员工的执行力，也就是实践能力，好的设想只有实践完成了才有意义。

7.2.3 学会职业沟通

很多人一提起沟通就认为要善于说话，其实职场沟通既包括如何发表自己的观点，也包括怎样倾听他人的意见。沟通的方式有很多，除了面对面的交谈外，一封E-mail、一个电话，甚至是一个眼神都是沟通的手段。职场新人一般对所处的团队环境还不十分熟悉，在这种情况下，沟通要注意把握三条原则：

一、找准立场

职场新人要充分意识到自己是团队中的后来者，也是资历最浅的新手。一般来说，领导和同事都是你在职场上的前辈。在这种情况下，新人在表达自己的想法时，应该尽量采用低调、迂回的方式。特别是当你的观点与其他同事有冲突时，要充分考虑到对方的权威性，充分尊重他人的意见。同时，表达自己的观点时也不要过于强调自我，应该更多地站在对方的立场考虑问题。

二、顺应风格

不同的企业文化、不同的管理制度、不同的业务部门，沟通风格都会有所不同。

一家美国的IT公司，跟生产重型机械的日本企业员工的沟通风格肯定大相径庭。再如，人力资源部门的沟通方式与工程现场的沟通方式也会不同。新人要注意观察团队中同事间的沟通风格，注意留心大家表达观点的方式。假如大家都开诚布公，你也就有话直说；倘若大家都喜欢含蓄委婉，你也要注意一下说话方式。总之，要尽量采取大家习惯和认可的方式，避免特立独行，招来非议。

三、及时沟通

不管你性格内向还是外向，是否喜欢与他人分享，在工作中，时常注意沟通总比不沟通要好很多。虽然不同文化的公司在沟通上的风格可能有所不同，但性格外向、善于与他人交流的员工总是更受欢迎。新人要利用一切机会与领导、同事交流，在合适的时机说出自己的观点和想法。

延伸阅读

职场沟通的误区

沟通是把双刃剑，说了不该说的话、表达观点过激、冒犯了他人的权威、个性太过沉闷，都会影响你的职业命运。那么新人在沟通中到底有哪些误区？

一、仅凭想当然来处理问题

有些新人因为性格比较内向，与同事还不是很熟悉，或碍于面子，在工作中碰到问题，遇到凭个人力量难以解决的困难，或对上司下达的工作指令一时弄不明白，不是去找领导或同事商量，而是仅凭自己个人的主观意愿来处理，到最后往往差错百出。

建议：新人在工作经验不够丰富时，切忌想当然地处理问题，应多向领导和同事请教，这样可以在工作中减少差错，也能加强与团队的沟通，迅速融入团队。

二、迫不及待地表现自己

所谓初生牛犊不怕虎，刚刚参加工作的新人总是迫不及待地把自己的创新想法说出来，希望得到大家的认可。而实际上，你的想法可能有不少漏洞或者有不切实际之处，急于求成反而会引起他人的反感。

建议：作为新手，处在一个新环境中，不管你有多大的抱负，也要本着学习的态度，有时“多干活儿少说话”不失为上策。

三、不看场合、方式失当

上司正带着客户参观公司，而你却气势汹汹地跑过去问自己的问题何时解决，上司一定会认为你这个人“拎不清”；开会的时候你总是一声不吭，而散会后却总是对会议上决定的事情喋喋不休地发表观点，这怎能不引起他人反感……不看场合、方式失当的沟通通常会失败。

7.3 职场发展

当你在公司工作3至5年之后，你未来的职业道路应该清晰地呈现在你的面前。发展较好的人，得到领导的青睐，获得了升职的机会；如果工作不顺心，磕磕绊绊，对工作产生不满，那么你可以选择跳槽，选择更好的发展机会；当然，你也要时刻保持工作的积极性和产出率，警惕因为某些原因遭到公司的辞退，沦为失业大军中的一员。

7.3.1 升职

俗话说，“不想当将军的士兵不是好士兵”，但并不是所有人都能成为将军。职场上，人人都想升职加薪，但是会受到多方因素的限制。有因为能力不足的，有因为能力足而不敢于承担升职加薪带来的责任的……不管你属于哪种情况，如果你总是得不到你想要的，有可能是因为你并不真的想拥有它。所以，听从自己的心声，想要就勇敢行动吧！

一、不只让老板看你的业绩，更要让他看到你的责任心

许多人经常感叹自己的能力并不输给获得升职加薪的同事，但总觉得好运似乎就差这临门一脚。“让老板看见你”，不只是让老板看见你的业绩，更包含了你对上司与同事的责任心。不少人对于老板交办很多杂事很反感，会觉得“当初录取我时，也没说要帮老板订机票、汇账款、打字、打文件啊”，因此而萌生退意。但如果我们能够正面思考这些情况，会发现这些都是证明自己责任心的好时机。

二、时时与老板沟通，恰到好处地宣传自己

首先，把每一阶段的主要工作任务和安排都做成清晰简明的表格发送给老板，告诉他如果有意见，请在某某日前反馈，不然就照计划走——这个过程主要是让老板确认工作并对工作量有个概念。其次，遇到问题自己想办法解决，然后挑老板不忙的时候，单独讨论某个有难度的关键问题，然后拿出几个方案，分析优劣给他听，让他很容易做出选择。这样可以让老板对工作困难出现的频率和我们积极主动解决问题的态度和技巧有比较好的认识。最后，在重要项目实施过程的重要阶段，给老板提供一些信息，并将结果及时通知老板。

三、不抱怨，横向发展

有时候你觉得自己该做的都做了，但还是没有升职，不免会有些抱怨。抱怨没有用，还会影响你将来的发展，有可能下次有升迁机会还没你的份儿。冷静评估自己，也评估一下你目前在这个部门甚至是这个公司是否有机会升迁。如果在本部门没有机会升职，不妨考虑横向发展。其他部门的工作经验可以使你获得新技能，开拓新视野。

想升职，仅仅努力工作还不够，还必须聪明地工作。只有这样，才能在老板心目中为自己塑造出“可升之才”的靓丽形象。美国某知名顾问公司的研究成果表明，职场成功的关键包括“PIE”三大要素：专业表现（Performance）、个人形象（Image）、能见度（Exposure）。想升职的你，请赶快丢弃只会“埋头苦干”的过时态度，开始学习“抬头成功”的聪明诀窍。

四、展现自己的领导能力

除了将自己手上的工作做得很完美外，想升职的你应展示自己有驾驭领导职位的能力，才能如愿以偿。而老板在考虑提拔谁时，除了业务水平外，更会估量谁“看起来”更像个领导，以及“做起来”更是个领导。例如，有这样一位员工，以衣着随意邋遢闻名，虽然平时待人很好，工作也挺出色，但不论人事如何变动，他一直待在原地一动不动。后来经人提醒，他开始整理仪容，穿戴正装，整个形象焕然一新，令人刮目相看。一年后，他就荣升为生产线负责人。请务必别忘了先调整自身形象，让人一想到称职的领导者时就会联想到你的形象。

同时，你也得多多展现领导管理的才华、多方合作时的协调沟通能力、遇到阻力时的创意解决问题功力、高压下的冷静应对定力以及挫折后的乐观积极活力，都是你足以胜任领导的最佳说明。一位企业老总曾经说过他选副手时在两个候选人中考量了许久，最后提拔了两人当中学历较低的一位，理由是“他很稳，得人缘，说话大家会听，至于实际操作技术差些也不是问题，只要他能让别人去做好就成”。

五、提升“职场能见度”

从情商的角度来看，经营职场能见度不是爱出风头的负面表现，而是职场情商高手负责任的标准动作。让老板时不时了解自己的工作价值，体现你无可取代的专业价值。怎么做才能提升职场能见度呢？

要经常向老板汇报工作，既可展现你的努力和能力，还能及时求得他的指教，不断修正方向以减少失误。所以，定期做工作报表，抄送重要的工作邮件，等等，都是比较好的做法。

六、会议中积极谏言

若你开会时“人到心不到，心到口不到”，那就错失了绝佳的自我展示机会！

领导召集开会，当然期望借用员工脑力，建议千万别谦逊低调，既然受邀开会，就一定要有所贡献，不要做随波逐流的人。

别担心因为风头太健而惹人讨厌。只要方法对，就不会有副作用。

情商高手的发言秘诀是先肯定之前发言者的讲话内容，然后从帮助对方成功的角度，委婉地说出你的建议。比如“我觉得×××的这个提案非常棒，能起到效率提升的作用，为了让这个想法实施得更好，我有一些初步意见，请大家参考指正”，如此一来，大家就知道你在为提案人出谋划策，也会让收到反馈的同仁及领导心存感激而印象深刻。必要时，你也可以主动请缨，揽一些责任上身，顺便亮出你的能力，如“我之前做过类似的项目，如果需要，我可以提供协助”。

7.3.2 跳槽

跳槽是职业生涯中的大事，必须在对自己的职业生涯进行科学、理性的规划后才能行动，切记不能因一时头脑发热盲目做决定，否则，不但达不到预期效果，还会越跳越糟。

每个人在跳槽之前要做好充分的准备，先谋而后定。跳槽不是简单地将简历发出去就被动地等待。甚至有很多人在接到面试通知时还不知道是哪个单位看中了自己。在这样的盲目状态之下，求职录用率肯定不高。所以，跳槽者要根据自己的职业目标定位，对行业发展、企业发展背景以及岗位职能、能力上涨空间做出统一的评估，如此一来不仅企业选择你，更重要的是你能够在选择企业的同时有好的发展。当你花费了精力却没有回报的时候，就要去思考方向、方法、方式是否正确，如果继续“蛮干”下去，影响的就不是一个阶段的发展，而可能是你的未来。但是只要找到正确的规划之路，可以轻松助你登上有助你发展的职位。

离职也要讲究技巧，绝对不能因为自己以后不在这里工作了就放纵自己，不管不顾。要站好最后一班岗，做好岗位交接工作，给自己留下好口碑。离职之后若受到了不公平待遇，可以向上司提出异议，但不能把不平的情绪传递给在职员工，引发在职员工的离职情绪。不能拿走现任公司的机密信息和客户资料，不能做出损害现任公司利益的事情。

计划跳槽者，应该静下心来判断是不是“跳”有所值，分析一下你所在的职场是沃土还是瘠地，是不是真的没有开垦的价值。如果不是，就要从自己的主观上找原因，并不一定非要跳槽转行。认真挖掘其真正的价值，你会发现不用离职，你的工作也能得到好的改观；如果一定要跳槽转行，也要找个合适的时机。总之，跳还是不跳，是个问题；怎么跳，跳成怎样，更是个问题。下面给出的建议，也许能给你一些启发。

一、跳槽者的“5W”法则

计划跳槽者，不妨参考一下“5W”法则。

（1）WHO：明确我是谁，审视自己的能力和定位。

（2）WHAT：知道想从跳槽中获得什么，有了清晰的目的，选择最接近你职业目标的道路，跳槽才有意义。

（3）WHY：你为什么要跳，眼下的状况非跳不可吗。

（4）WHEN：何时跳，一定要选准时机，在原公司有了过硬的经验和较大成绩时跳，可以为你在新老板那里加分。

（5）WHERE：你要跳向哪里，多了解目标公司的发展状况和目标行业的前景是有益无害的。

二、三类跳槽者最易“受伤”

1．逃避型：多少有些不成熟

其实并不是每个人跳槽都是为了工资更高、待遇更好，有不少人觉得职场环境与心情很重要，当这些得不到满足的时候，他们就会选择跳槽。

案例分析

小许从高职毕业后就在一家中等规模的物流公司工作，一晃就是6年，虽然也有一些跳槽的机会，但他始终没有想过要离开这家公司。因为他不喜欢变化，而且部门经理人很好，对待下属宽严相济，部门业绩一直是公司里最好的。6年来，大家都过得很轻松也很充实。但上个月，小许跳槽了，因为换了经理，整个部门的风气变了。

据小许讲，新任部门经理嘴上功夫了得，基本上每天总有人会挨骂。最痛苦的是每周星期一的例会，必须报告你上个星期做了什么，这个礼拜打算做些什么，然后告诉你这也不对，那也不对，而如果有人上个星期什么事情做得不好，那就更倒霉了，开会被作为重点挨批对象，大家如临大敌，但越是谨慎，做错的事越多，挨骂的次数就更多。在这种环境里待着，人变得很压抑，心情很糟。最终，大多数人选择了跳槽，小许只是其中的一个。

分析：每个人都有自己的性格，有些人与上司的性格“相克”，很难共处，沟通交流困难，自然在工作中感到很憋屈，进而选择跳槽。这种逃避型跳槽要从两方面加以考虑，有些时候确实是上司性格问题，不得不走，但更多的时候是因为跳槽者不够成熟，不知道如何与他人沟通与交流。他们如果不能改变自身的处世方式，即使跳槽了，也难有大的发展，因为在新的公司你很有可能碰到更难相处的上司。

另外，现在职场上拿跳槽当家常便饭的大有人在，他们在企业中经历往往比较少，没有什么特长和技能，但看待问题总喜欢“这山望着那山高”。因为没有成绩，平时不被上司或老板重视，企业给的待遇自然也低，他们就有一种“怀才不遇”的感觉，进而会埋怨环境。但到了一个新的单位，依然还是会不满意，只好接着再“跳”下去。

2. 冲动型：跨行业跳槽要三思

对于跨行业跳槽，不仅要看目标企业的规模，而且要看能否有发展前途，展现自己的才能。在做出决定前，要对行业有充分的认知，对未来的工作领域摸索清楚；同时，要对自己有准确的定位。否则，进入一个完全陌生的行业，容易陷入陷阱，或难以出成绩，甚至停滞不前。

案例分析

小曹原来在一家国内数一数二的网站做销售工作，收入很不错，但工作几年下来，他觉得不再有什么发展。于是在朋友的帮助下，同时也凭借自己卓越的销售才能，进入了一家世界500强的医药公司任职医药代表。丰厚的底薪、完善的福利政策以及颇具前途的发展前景，起初让小曹兴奋不已，觉得自己选择跳槽很正确，这一步走得“值”！但半年过去了，小曹开始有些郁闷了。

小曹真正接触了医药代表业务后发现，原来一切要比自己当初预料的困难得多。晦涩难懂的医约名词、混乱的公司内部管理，都让他一筹莫展！按说小曹可以选择再跳槽，但外企的福利真的很好，面对丰厚的薪酬和福利，他有点儿舍不得。现在小曹天天发愁，不知道该怎么办，只好拼命学着适应。

小曹可以说是被福利待遇给“腐蚀”了，虽然跳槽结果不如意，但他还是选择坚守。其实，这种跨行业跳槽的失败案例很多，主要原因都是败在不适应新行业的游戏规则。如果目的是更高的薪酬，或者更看好这个行业，那么既然选择了新的环境，就不要受之前模式的困扰，须适应这个行业的“行规”。改变能改变的，接受不能改变的。反之，如果亲身体验已经证明你不适合这个行业，应该迅速离开，不要试图靠一己之力改变一个行业。

分析：跨行业跳槽很容易遇到上述问题，即使同行业跳槽也会碰到前后公司的管理模式、行为方式上的冲突，尤其是从大企业向小企业跳槽。小企业大多是私营的，在大企业习惯了的跳槽者往往冲着高薪高职而来，却受不了家族式的管理模式，最后也会忍不住走人。

3. 禁忌型：带走团队和技术是大忌

这种跳槽的最大特点是团队带头人在业界有一定号召力，带团队出走的目的大多是为了自立门户，即便换个东家也是为了寻求更大的话语权。在职场中，跳槽时带走团队和技术是大忌，但因为这样做容易在新公司得势，还是有不少人会触碰这条底线。对于带着技术离职的跳槽者，职场中的评价几乎一边倒——“可恶”。新公司在用这样的跳槽者时，往往会尽量避免让其再接触核心技术，防备他们过几年故伎重施。因此，此类跳槽者往往到了新公司刚开始时春风得意，渐渐就会有束手束脚的感觉。

团队跳槽引起的巨大震荡足以使任何东家心惊胆战。对于老东家，曾经的战友突然变成了敌人，而且这个敌人熟悉自己的全套路数，这自然很可怕。对于新东家，也难保这个团队带头人未来不会对自己也来这么一手，所以从合作的第一天起就会提防这个团队。团队和技术说白了都是跳槽者认为可以提高身价的法宝，但事实证明这些法宝往往对自己的职业发展反而会造成伤害。

三、三招“跳”出光明前景

1. 巧用跳板

看过跳水比赛的人都知道，如果没有那块弹力十足、能以力借力的跳板，即使是跳水明星也难有精彩一跳。那么跳槽时，有哪些跳板可以借力呢?

(1) 参加各种培训，进修充电。一方面，企业喜欢到对口的培训机构招聘相关岗位的工作人员；另一方面，培训所学到的知识与技能也保证你到了新工作岗位后能够迅速进入角色。

(2) 内部转岗，积累经验。对于有意转行的人来说，尽量在企业内部先创造转岗的机会。在公司内申请岗位轮换，选择新的岗位“转行”，不转换公司，只转换岗位，由于“人脉”畅通，可以较快地适应新岗位，而且转行的成本要比离开公司的成本低得多。

(3) 应聘那些欢迎“新兵”的公司。越是管理水平高、能力强的公司，越有能力系统地培训新人，通常也更喜欢雇用新手。相反，管理水平较弱的公司更喜欢那些“来了就能干活”的雇员。

(4) 尽可能追随长袖善舞的“贵人”型上司。他们眼光独到，知人善任，需要有能力的下属协助，也能帮助下属快速成长。

(5) 善于利用人脉网络。多结交同行以及知识面宽的朋友，互相提携，互相帮助。

2. 找对跳槽理由

企业的面试官通常对跳槽者存在着矛盾的心理，他们一方面需要跳槽过来的人才，另一方面又担心频繁的跳槽影响企业用人的稳定性、连续性，增加招聘和培训成本。因此，他们在招聘时会很在意应聘者跳槽的理由，仿佛能从跳槽理由中鉴别出谁是真正应该有理由跳槽的人，而不是所谓的“跳槽狂人”。

企业的人力资源经理由于受过专业训练，通常有一双“火眼金睛”，能够准确地“看人相面”。在面试的时候，如何谈自己的跳槽理由很重要。

面试时，企业的人力资源经理一般会了解你在原单位的工作职责、具体的工作内容，甚至让你举一些例子来阐释自己的工作。求职者一般都会把自己的优点、突出的业绩、成功的工作案例说出来。之后的问题通常是：“你在公司的表现不错，为什么要离开这家公司呢？”

回答这个问题，一定要慎重，比如：企业的并购、行业固有问题、企业经营业绩、政府政策以及个人原因，等等。这里说的个人问题，也是客观的个人问题，如结婚后迁居、搬家、脱产进修等。总之，理由一定要言之有理，令人信服。

3. 明确跳槽禁忌

（1）随意改行，盲目跟风。没有一个行业是永远热门的行业。不考虑自身专长和兴趣，即使应聘成功，也难以长久。何况每一次换行都必须从新手做起，知识和经验难以积累，很难成为行业的佼佼者。如果到了四十岁还没有在某个行业里开拓出一片天地，那么跳槽后的就业将会变得十分艰难。这里还要提醒广大毕业生们，不要轻易放弃自己的专业，毕竟学以致用者轻车熟路，较非专业者容易上手得多。随意改行意味着没有职业目标，难有发展。

（2）不加分析，盲目听信。据统计，约有50%的跳槽是为了追求高薪。通过跳槽能让薪资上个台阶固然是好，但如果仅仅为了几百元工资跳槽就显得过于草率。现在很多中介或公司在招聘的时候说得天花乱坠，可是工作后求职者才发现被骗。比如在“年薪”上做文章，在“社保”上“捣糨糊”，等等，花样百出，不一而足。求职者如果不加分析，就会轻易上当。有的人在跳槽时只盯住薪资，不考虑自身的长远发展，更是得不偿失。盲目听信者往往会迅速再次跳槽，进入恶性循环。企业会认为这样的求职者做事草率，难堪大用。

（3）意气用事，盲目跳槽。有些人仅仅因为一点小事与上司或同事意见不合，便“一纸休书”“挂印而去”。这样的人情商一般不高，更缺乏沟通能力和团队精神，换了环境也难有作为。企业一般也不愿意招聘这样的员工。

（4）急于求成，盲进盲出。几乎每个人都希望在工作中能够迅速得到晋升。有志向是好事，但是急于求成就不行了。急于求成者往往“欲速则不达”。一位曾在上海金贸大厦工作过的人事经理说过这样一件事：金贸大厦最后晋升到高层管理位置的并非当初能力最强者，而是能坚持留到最后的人。经验和能力都需要日积月累。来到新的环境，光是获得领导和周围同事的认同就不是一天两天的事，晋升机会的获得更需要耐心。

7.3.3 辞职

辞职就是辞去职务，是劳动者向用人单位提出解除劳动合同或劳动关系的行为。辞职一般有两种情形，一是依法立即解除劳动关系。如用人单位对职工有暴力或威胁行为，强迫其劳动、不按合同约定支付工资等，职工可以随时向用人单位提出解除劳动合同的要求；二是根据职工自己的选择，提前30日以书面形式通知用人单位解除劳动合同关系。

一、辞职的步骤

1. 写辞职信

这是必须也是最基本的一步，辞职信和应聘信一样，都应有一定的格式，而一封合格的辞职信一般必须包括以下内容：离职原因、离职期限、工作的交接、向公司表示感谢的礼貌用语，也可以再加上一些个人的意见和建议，推荐合适的接班人等内容，但措辞和语气一定不能过激，以免白纸黑字上留下对你不利的“案底”。

2. 和主管详谈

这是离职过程中最重要的一步，你的离职请求能否得到批准和支持，关键还得看这一步。在和主管详谈之前，必须准备好离职的充分理由。如果你平时的工作表现还不错，或者是公司的骨干力量，那么在谈话中主管很可能会挽留你，而你必须要用得体的语言去应对，想方设法表明你的立场，并坚持自己的初衷。切忌不辞而别，那是极其不负责任的行为，会造成不良影响。

3. 交接工作

在和主管谈妥了具体离职意向并征得同意之后，就应该开始着手交接工作。在公司还没找到合适的接替者的时候，你应该一如既往地努力做好本职工作，站好最后一班岗。即使在接替你的人来了之后，你仍必须将手头的工作交接完毕后才能离开公司，以尽到自己的最后一份责任。

4. 办理人事手续

决定离职之后，需要办理一系列人事手续，一般来说，由原单位开出退工单，将你的档案转出。另外，还有你的社保和住房公积金等也需要一并转移。假如你已经找到了新单位，那么只要将原有的劳动关系转到新单位即可；假如你是待业或者出国，那么就必须咨询有关部门后妥善处理，以免将来你需要用到这些关系的时候发生不必要的劳动纠纷。

5. 开离职证明

按照正常途径，离职的时候要开离职证明，有些公司在招聘时是要看你的离职证明的。

在辞职前，你就应当做一个有心人，平日就做好业务知识管理。将每项业务的程序与必要技能都用文字记录下来，储存在档案或电脑里，这样离职时才可以转移出去。这种做法不但有利于接替者，对你也有好处。任何业务或经验，若不及时加以整理、记录，很难转化成个人财富。这种积累是可以重复使用的，更是在公司内能持续升迁或取得外界机会的必备条件。

二、辞职时要考虑的法律问题

员工在与企业解除劳动关系的时候容易发生劳动纠纷，无论是企业与员工解除或终止劳动合同，还是员工自己辞职，在这个时候，企业与员工双方容易为了各自的利益而产生分歧。员工主动辞职时，与企业可能出现的分歧主要表现在以下四个方面：

1. 违约金

有些人为了得到工作机会，或者为了落户口，与企业签订劳动合同的时候，在合同中规定了违约责任，主要的违约责任体现在服务期与违约金上。《劳动合同法》中规定：在用人单位和劳动者的劳动合同约定中，严格限定了违约金的约定条件，规定单位只有在“培训服务期”和“竞业避止”这两种情形下，才能设定违约金。也就是说，除非劳动者在约定的培训服务期满前离职，或违反了保密协议、竞业限制的约定，否则劳动者无须向单位支付任何违约金。也就是说：如果你的离职不存在《劳动合同法》规定的需承担违约责任的那两种情况，是无须向用人单位支付违约金的。

2. 培训费

企业如果为劳动者提供了培训，可以与劳动者签订相关协议，如服务期未满即离职，需赔偿一定数量的培训费。企业提供的培训形式可以是脱产的、半脱产的，也可以是不脱产的。不管是否脱产，只要用人单位在国家规定提取的职工培训费用以外，专门花费较大数额的钱送劳动者去进行定向专业培训的，就可以与该劳动者订立协议，约定服务期，期限长短可自行约定，未满服务期即离职的劳动者是要按约定全额或部分赔偿培训费用。一般来说，企业会约定 5 年服务期，劳动者工作每满 1 年即减少 20% 的培训费赔偿。

当然，不是用人单位提供的所有培训都要与员工签订培训协议，用人单位对劳动者进行必要的职业培训，不可以约定服务期，也就是说，在需要签订培训协议的培训中不包括职业培训。《劳动法》规定，用人单位应当建立职业培训制度，按照国家规定提取和使用职业培训经费，根据本单位实际，有计划地对劳动者进行职业培训。从事技术工种的劳动者，上岗前必须经过培训。劳动者有接受职业技能培训的权利。

3. 身份证、档案、社会保险、公积金等抵押物

任何单位都没有权力在员工离职的时候，扣留员工的身份证、档案、社会保险、公积金等个人资料。员工辞职后，单位必须为员工办理档案、社会保险、公积金等转移手续。如果单位不为员工办理相关手续，想卡住员工的这些个人资料为难辞职者，或吓唬留在单位的员工，那么离职员工完全可以去当地的劳动仲裁机构申请劳动仲裁。

4. 工资与奖金

有的单位还会把离职员工最后一个月的工资扣住不发，这也不用担心，在申请仲裁的时候，通常只需要提供你的基本工资数额，具体工资数是由单位证明的。当然仲裁的时候，你需要提供证据，如有单位接收你书面辞职的收据，有单位授权人签字或单位盖章的工作交接清单，等等。但奖金不属于《劳动法》保护的范围，企业通常有更多的权力自主决定奖金的发放，如果企业不给离职员工发奖金，劳动仲裁机构是不会受理的。

延伸阅读

“友好辞职”的注意事项

一、直接向顶头上司辞职

不要越级，也不要提前告诉其他任何人。如果你的顶头上司不是首先从你嘴里听到你辞职的事情，那你可能会遇到麻烦。试想，如果是你做领导，当你的下属想离开，你还要从别人的口中得知这件事，那你会怎样想，你的心里会舒服吗？若你直接走了还好一点。若不想辞职了，只怕已经从别人口中知道这件事的上司也容不得你再留在这里了。

二、当面单独递交辞职报告

趁上司有空的时候，找到他并单独提交辞职报告。这既是对老板的尊重，也能帮助你了解老板的反应，从而看出你离开的难度有多大。如果你很关键，上司会诚恳地挽留你。或许你也可能立即得到批准，但常常有些上司或老板让你再待一段时间。切记不要用电话或电子邮件发送辞职报告。

三、辞职理由要简单明了

辞职时虽然要表现出坚决离职的态度，但辞职的原因不要描述得过于复杂繁琐。很多企业的职业经理人已经习惯了员工的来来往往。他们需要的是一个能够说服自己和公司的理由，而不一定是你离开的真正原因。

四、不要抱怨或指责

很多老板在员工辞职的时候都会真诚地了解你对公司及对他的意见，这时应赞美和感谢公司以及老板，而不是指责。

五、做好离职前的最后一件事

在其位谋其政，在职一天就要做好这一天的事，在职一分钟，也要做好这一分钟的事，这是对自己尤其是对自己的职业操守负责，而不仅仅是对公司和老板负责。要兢兢业业地工作到最后的工作日，不懈怠。

7.3.4　失业

一、失业类型

1. 公司发展前景不佳型失业

职种盲目性是这类失业危机的根源所在。个人的职业安全和职业竞争力建立在职种竞争力之上，但如果把自己的职业生涯建立在具体企业的运营状况之下，则是十分错误的职业观。每个人要通过科学和理性的职业剖析来理清自己到底适合什么样的工作，哪种具体的职种与自己的职业属性相吻合。只有这样，才能使自己的职业跨公司、跨行业而不倒。

2. 知识更新较快型失业

实用型技术的开发工作确实会给从业人员带来巨大的竞争压力。通过研究发现，这类技术岗位准入点低、信息更新极快，基本上不需要专项知识积累，不强调经验，更强调知识更新度。随着年龄的增长，这类职业人的身价下跌是必然的。如果这类员工已经开始怀疑自己是否适合走技术路了，那就证明了他对自己的职业气质不能准确判断。对于走到一定高度的技术研究人员，我们一般不主张脱离技术领域，但是在技术领域哪个具体岗位更具有发展前景呢？每个人的优势和特征都不相同，需要针对每个个案进行具体研究，才能有所结论。

3. 随时可被替代型失业

大多数此类职业人因为平时工作和业务繁忙而忽视了自身职业能力的提升，犹如“温水中的青蛙”，等水煮沸了都毫无察觉，最后被市场淘汰了才知道自己陷入了失业的困境。处于低端岗位的职业人应该尽快找准自己科学的职业定位。专业知识不强看似是一个劣势，但是为自己重新设定正确的职业路线提供了很强的可塑性，因为本来就没有什么专业竞争力，还怕失去什么呢。

4．工作态度不佳型失业

某些职业人因为欠缺工作热情，往往对工作容易产生不满的情绪，从而影响工作效率和质量。如果一个人真的失去了在某个职位或职种上的发展空间和发展前景，肯定会产生不满情绪，解决职业态度问题的关键是自身职业核心竞争力的不断修炼和提升。否则，没有在适合自己的工作岗位做，工作态度永远都无法端正。

二、检查自己是否处于失业边缘

个人的职业状态最能预示失业的危机，但是很多人没有意识到这一点。

（1）从职位本身来说，看看自己的职位是否在公司核心部门。如果自己不在公司核心部门，即使职位带有管理性质，也不会有充足的安全感，因为企业一般会对边缘部门的人力成本实施严格控制，甚至在某些整体战略影响下会“大刀砍去这些边缘部门”。

（2）工作内容是否和公司核心项目相关，关联程度有多大，如果自己正在参与公司核心项目的进度实施与管理工作，那么无疑会大大降低你的失业风险。

（3）个人兴趣、气质能否和工作相契合，能力能否在工作岗位上得到充分发挥，而且是否可以不断充实自己、提升实力，这些看似间接的因素却对个人的职业发展、工作绩效起着决定性的作用。个人如果无法从工作中体验成就感和价值感，则必定会产生工作厌倦——不能为企业高效产出的同时也导致了企业资源的浪费。如果企业的管理者在运营过程中发现这种状况，那很可能不等你自己辞职，企业便有可能先辞退你了。

三、失业保险金的领取

失业保险金是国家给予失业人群的最根本的社会保障，但也不是所有的失业人员都可以领取失业保险金。领取失业保险金需要一定条件，只有符合条件的失业人员才能领取属于自己的失业保险金。申领失业保险金应具备的条件：一是按照规定参加失业保险，所在单位和本人已按照规定履行缴费义务满 1 年；二是非因本人意愿中断就业，即失业人员不愿意中断就业，但因本人无法控制的原因而被迫中断就业；三是已办理失业登记，并有求职要求。

四、尽快走出失业的阴影

失业对于每个人来说都是晴天霹雳，失业代表着没有稳定的收入，面对的最大问题就是要在短期内再就业。突如其来的压力会将人压得喘不过气来，所以要尽快调整心态，走出失业的阴影。

首先，要调整自己的心态，找一些知心朋友倾诉，做心理辅导。向朋友倾诉，朋友可以立马给你做心理辅导，并极力安慰你，通过沟通很快就能帮助你从失业的阴影中走出来。其次，失业后不要把时间花在埋怨上，或许前份工作给你带来了不好的回忆，但是失业就是失业，再抱怨也无济于事，不如利用失业的时间，给自己一段假期，或是通过参加培训班提升自己的就业技能，这才是生存的王道。最后，重新规划自己的就业方向，积极求职。

延伸阅读

如何避免大学生毕业就失业

为了避免陷入毕业即失业的窘境，毕业生们可以从以下几个方面采取行动：

一、提前做好人生规划

许多毕业生到毕业时还不知道自己到底想干什么、到底适合什么样的工作，这便是缺乏明确的人生规划。所以，这个时候，应该对自己过去在学校所学所得做一个总结，并结合自己所学的专业与兴趣，对自己以后的人生做一个清晰的规划，对毕业后自己的去向有一个清楚的认识。只有先认识到了第一步，才会有明确的目标往下走。

二、发现自己的优势

面试的时候，面试官经常会问应聘者，你的特长是什么，或者你相较别人有什么优势，等等，这些往往会令他们一时语塞，不知道怎样回答。究其原因是他们对自己的优势一无所知，也从来不去总结与发现。连自己的优势都发现不了，怎样去寻找适合自己的工作呢？所以毕业生们要认真分析自己的优势与劣势，了解自己，才能顺利获得就业机会。

三、灵活选择求职方式

如今，有多种多样的求职方法供毕业生选择，有现场招聘会、报纸招聘、网络招聘等。要根据自己的实际，灵活选择求职方式。如果你离人才市场很近，那不妨多跑一下现场招聘会；如果你所处的地方为中小城市，招聘会不多，那么也不妨登录一下当地的招聘网站来获取信息。机会永远垂青有准备的人，一味地等待换不来自己称心如意的工作。

【思考题】

1. 结合你的目标岗位与企业，谈谈你是如何做好职前准备的。
2. 你怎么看待跳槽这件事？你会在什么情况下选择跳槽？

第八讲 职场心态与调适

越来越多的“90后”新人开始步入职场。他们清新的面庞、靓丽的外表、活跃的思维和不凡的谈吐给职场带来了很大的活力。然而，手机、iPad、耳麦，还有时不时伸出的自拍神杆，也带去了不少让领导和前辈们扯发跺脚的抓狂。“用无所谓的态度，过随遇而安的生活”，也许就是他们的人生哲学。然而，在他们看似“王子般骄傲”的头颅下面，其实有着风吹就裂的脆弱：他们可能为了领导的一句批评愤而辞职，也可能因为害怕失败而躲在别人身后；他们可以因为经常迟到被扣奖金而嘻嘻哈哈，但也可以因为被对象甩了而寻死觅活……其实，这一切的一切，都是心态惹的祸！

职场新人们，请谨记：面对烂漫鲜花，你们要学会欣赏与自持；面对扑面巨浪，你们要学会抗争与规避；面对密布乌云，你们要学会乐观与淡定。心态决定人生，心态成就未来！

8.1 就业心态

案例分析

离家出走的小李

“女儿啊，你在哪里……”电话那头的李某抽泣着说，女儿小李一年前离家出走，至今音信全无，原本完整的家庭只剩下无尽的叹息和担忧。

一个月换三四份工作

“她一直想找份好工作，可以赚很多钱，买好多漂亮衣服。”表姐戴某介绍说，小李就读于某高等专科学校会计专业，好强的她一直对自己的期望很高，希望用一份好工作来证明自己的价值。

大学毕业后，基本上每月都有三四个单位给她打来招聘电话，但她经常只去上一两天班就回来了，理由是“没什么意思”。后来，小李就干脆不愿出门，情绪也很低落。

一天，小李跟家里人说，自己要去附近小区的一个小店应聘，跟外婆要了 20 多元钱离开家后就再也没有回来。“她的证件和手机都没带，身上也没有多少钱，她能去哪里呢……”李某一说起女儿，就开始哽咽。失踪第二天，他们就去派出所报了警。一年来，李某和妻子只要一有空，就跑到车站、市场、天桥下找寻女儿的身影，但每次都失望而归。

自背重负患上心理疾病

其实，早在毕业前夕，小李因不堪抑郁、多疑以及就业压力大等心理困扰，在父母陪同下去各大医院寻医问药。“医生说，我女儿患有轻微的精神分裂症。从那时起，她就一直在服药。”在这之后，小李的情绪仍时好时坏，对应聘过的单位也有各种不满。

离家出走前一天，小李还去过医院复诊。但这些治疗仍然没有完全卸下她的心理重担，最终，小李还是选择了悄无声息地离家出走。

专家支招：“位置”放低，心态放高

“大学生选择工作时，应该把位置放低一点，心态放高一点。”某市心理学会负责人提了一个建议，找工作时有压力是正常的，但不要让压力演变成病态。

“其实很多人都有一定程度的心理困扰和问题，朋友和家人要注意及时介入，进行必要的心理疏导。”该负责人指出，如果听之任之，就会发展成严重的心理疾病。此外，社会成员和相关机构应该给予他们更多的关爱和必要的社会救助。

分析： 大学毕业生在求职过程中要经历一个复杂的心理变化过程，面对严峻的就业形势，面对众多的竞争对手，要想就业成功，没有充分的心理准备，没有良好的竞争状态是不行的。大学生必须做好就业前的心理准备，排除心理干扰，及时调整好自己的心态。

8.1.1 常见的就业心理障碍

近年来就业矛盾日益突出，就业难度日趋加大，大多数毕业生承受着巨大的心理压力。有相当一部分毕业生由于种种原因，在新的就业体制和严峻的就业形势面前，心理准备不足，在就业过程中出现了种种心理偏差，有的甚至产生了严重的就业心理障碍，影响了顺利就业。毕业生常见的就业心理障碍如下：

一、盲目自信

有的同学认为自己在就业中具备种种优势：学习成绩优秀，政治条件好，学校名气响，专业需求旺，求职门路广，因而盲目自信，好高骛远，对就业薪酬、福利等要求较高，往往会由于对自己估计过高、对困难估计不足而在就业中受挫。

二、自卑畏怯

有的同学大学的学习和生活比较顺利，也具备了一定的实力和优势，面对激烈的竞争，却觉得自己这也不行，那也不如别人，自卑心理使得自己缺乏竞争勇气，缺乏自信心，走进就业市场心里就发怵，一参加招聘面试心里就忐忑不安。

三、急功近利

有些同学在就业时过分看重地位，过分看重实惠，一心只想去沿海发达地区，到挣钱多、待遇好的单位，甚至为了眼前利益宁可抛弃所学的专业，不去分析单位的发展前景，不去制定自己的职业发展规划，不考虑工作是否能发挥自己的优势，等等。这些心理可能会使求职者得到一些眼前利益和满足感，但从长远发展看，绝非明智的选择。

四、患得患失

职业的选择往往也是对机遇的一种把握，错过机遇，很可能会与成功失之交臂。当断不断，患得患失，这山望着那山高，也是导致许多毕业生陷入就业误区的原因之一。

五、过分依赖

依赖心理在求职就业中具体表现为两种倾向：一种是依赖大多数的从众心理。自己缺乏独立的见解，不是从自己的实际情况做出切合实际的选择，而是人云亦云，见别人都往大城市去、大机关挤，自己也跟着转。另一种是依赖政策、依赖他人的倾向，不主动选择，不积极竞争，与激烈竞争的社会现实格格不入。

案例分析

小明性格内向，不敢与用人单位交流，每次匆匆放下简历就走。一想到要面试更是紧张得睡不好觉，到了招聘现场也不能很好发挥。眼看毕业临近，他的就业问题还没解决，由于心理压力过大，只好去心理咨询中心寻求帮助。

老师听了他的倾诉后，首先教给他一些舒缓情绪的方法，然后帮他一起分析、挖掘自身的优点，告诉他吃苦耐劳的品质、朴实无华的内在素质，是不少企业看重的优点。老师的话给了他很大的启发，回去后他在同学面前大胆演练，克服面试紧张的弱点。一周后，重新有了自信的小明又开始参加招聘会，最后终于顺利签约。

分析：就业的关键是要能够正确评价自己。有时要纠正过低的自我评价，大胆尝试。不要觉得谁都比我优秀，要树立自信心。要知道“天生我材必有用”，不要总将自己的弱项和别人的长项比，要发挥自己的优势，最终定能到达胜利的彼岸。

8.1.2 就业心理调节

就业本身就是我们认识和适应社会的一个过程，在求职过程中遇到困难，甚至经过几次挫折最后才成功是正常的；在就业中遇到许多心理冲突、困惑，产生一些不良情绪也是正常的。遇到就业问题时，要学会调整心态，使自己能从容、冷静地面对就业这一重大人生课题，并做出正确、理智的选择。如果你遇到了就业心理困扰，可以试着从以下几个方面调节。

一、正确认识自我

大学生要对自己所学专业、工作能力、爱好特长、优势劣势有一个全面的把握，对自己有一个准确的定位，这样才能在就业中发挥优势、击败对手，做到人岗匹配，找到自己比较满意的职业。

二、积极调整自己的职业意向与职业抱负

有些学生职业意向过高，不切实际。在找工作的过程中，他们往往觉得自己是最优秀的，好的单位就应该选择自己。他们选择单位的条件是薪酬高，福利好，离家近，最好是名企。当用人单位没有录用他们时，就怨天尤人，心理失衡。毕业生在就业过程中，应不断调整自己原有不切实际的就业去向，使自己的心理定位与择业目标要求相适应。

三、适时调整就业心理

找工作往往不能一蹴而就，要随时调整心态，保持平和的心态，总结之前失败的教训，做好充分的准备；也可以和心理专家、朋友、家人、老师一起探讨自身失败的原因和竞争中存在的诸种问题。

四、动态看待、选择单位

学生由于缺乏就业经验，往往只看眼前，觉得某个企业薪酬待遇高、福利好，便不加分析地进行选择。事实上，有些职业目前看较好，但从长远看，实际上已是“夕阳职业”。而有些职业却相当有发展潜力。所以，找工作时应对企业进行一个动态分析，对职业及单位的发展前景有个正确的认识。对待那些发展潜力大但目前待遇不高的职业，要做好吃苦拼搏的心理准备。

8.2 职场压力

“现在的工作压力太大了”，这是我们在职场中最常听到的一句话。职场就像一个巨大的高压锅，每个身处职场的人都能感受到压力的存在。工作量大，担心公司倒闭、裁员、减薪，人际关系复杂，工时过长，工作方向常常转变以及职位角色含糊，等等，这些状况都会使职场中人受压，严重者甚至可能出现精神问题。压力研究专家理查德·拉扎勒斯（Richard Lazarus）认为，压力是由于事件和责任超出个人应对能力范围时所产生的焦虑状态。职场压力属于压力的一种，是工作本身、人际关系、环境因素等诸多因素给大家造成的一种紧张感。虽然说人无压力会轻飘飘，适当的压力可以使人充实和上进，但是压力过大或者这种紧张感过于持久，则会使人出现焦虑烦躁、抑郁不安等心理障碍，乃至罹患心理疾病。

案例分析

职场“逃兵族”

“90后”的小张，大学念的是英语专业，刚毕业就找到一份工作，从事企业人力资源管理工作。他的同学都很羡慕他一毕业不但找到了工作，而且收入还很稳定。可工作几个月下来，他最大的感受就是“压力山大”。原来，入职数月以来，他发现这份旁人羡慕的工作做起来却不是那么得心应手。读大学时的专业知识基本用不上，什么都要从头学起，做工资报表、安排培训什么的，每天都小心翼翼，生怕犯错，感觉压力越来越大。

与小张的“小心翼翼”相比，职场新人小赵则选择了辞职。原来，他毕业后，从事了几个月的电子销售员，才发现这个行业压力大，不易立足。他算了一笔账，业务开展并不顺利，每个月工资4 000元都不到，除去房租、交通费、伙食费后所剩无几。从小没吃过什么苦的他撑了几个月后，还是选择辞职回了老家。由于家境不错，心疼孩子的父母也默许了他在家待业。

信心满满、光鲜亮丽地进入职场，却因难以承受压力和挫折当起了“逃兵”，选择频繁更换工作甚至待业在家，“逃兵族”成为抗打击能力较弱的职场新人的“标签”。

“90后”新人如何去掉“逃兵族”的标签，尽快融入职场生活呢？我们建议职场新人要学会不断增强抗打压能力，增强自信。同时，要学会适当宣泄，及时调整心态，遇到挫折找个合适的方式，让自己发泄一下情绪，梳理好心情之后再投入工作。

分析：职场新人面对工作压力，只能咬牙挺住，逃避和退缩都不是明智之举，千万不要为了逞一时之快而轻言放弃。职场不是家庭和学校，不是任何错误都能得到谅解和宽宥的，年轻人要意识到自己的责任，学会正视自己，调节心理预期，制定切实可行的目标，不断磨炼并提升自己。

8.2.1 压力的主要表现

据北京零点市场调查结果显示，41.1%的白领们正面临着较大的工作压力，61.4%（近2/3）的公司白领正经历着不同程度的心理疲劳，表现出种种心理疲劳的症状，这是一个令人担忧的数字！应该说，白领们的健康状况令人担忧。

一方面，他们是城市的精英，工作的责任大，对自我的要求都非常高。在工作中，激烈的竞争与员工之间的“个人利益之争”往往使职场精英身心疲惫，体力与心力都严重超支。另一方面，这些人都是家里的“顶梁柱”，是主要的收入来源，家人与亲朋对其期望值也较高，其自我认知一般都很优越。长年处在这样的心理环境下，不少职场人士对突如其来的意外挫折都缺乏足够的“心理准备”，一旦发生“剧变”，往往会导致心理失衡，如果再走进“牛角尖”，则很难自拔。

工作压力具体表现如下：

一、身体上的不适

容易疲倦，缺乏精力，是心理疲劳在身体上的典型表现。当人们长期处于紧张的工作压力下时，一半以上的人会出现这种症状。

另外，还有其他一些主要的身体表现，如容易生病（如头疼、感冒）和脸色不好。

二、人际交往障碍

心理疲劳在人际交往上主要表现为：与家人或朋友的沟通越来越少；处理个人事务的时间越来越少；不愿与人接触；爱讥讽，对人失去好感；等等。

三、工作效率下降

心理疲劳在工作效率的下降上主要表现为：容易忘事，难以专注于工作，做事费力，等等。

四、情绪障碍

心理疲劳同时也表现在个人的情绪上，如：忧愁，难以快乐，容易急躁、发脾气，无法接受善意的玩笑，等等。

8.2.2 压力的来源

在一个有5 000余名职场人士参与的职场压力调查中，48.6%的职场人表示压力很大，也就是说，近一半的职场人士表示自己目前工作压力很大。表示压力很大的人认为自己的职场压力主要来自以下五个方面：

一、升职、加薪不顺利

升职、加薪不顺利是导致职场压力的最主要因素，超过六成的被调查人员认同这一观点。这也是引发员工跳槽的最重要原因。

二、新人的冲击

随着社会的快速发展以及新人的大量涌入，职场人士的职业压力也越来越大，新人不但年轻，精力旺盛，有工作动力，而且拥有更高的学历，掌握更新的工作技能，能够更有效地解决问题。

三、工作量太大

许多老板都是事业偏执狂，许多职业经理人都是业绩偏执狂，每天的工作量在欲望的统御下层层加码，不少人都背负着不堪承受的目标、计划和指标。

四、老板要求苛刻

有些老板对下属的要求很苛刻，凡事要求完美。但苛刻工作要求的背后有没有对等的尊重与报酬呢？

五、职场人际关系复杂

职场关系是以利益作为纽带将大家联结在一起的，这就决定了职场人际关系的复杂和功利意识，决定了职场中每个人的境遇不同、想法有异，便会有着不同的行为方式，每个人做事的方式、方法也就产生了天壤之别。在职场学会做人，比学会做事更加重要。有一句话叫作“不打勤不打懒，专打不长眼”，既然随时可能被打，压力还能小吗？

拓展训练

心理压力自测

如有以下这些症状，则在后面的括号中打“√”，如果有5项打“√”，则属于轻微紧张型，只需多加留意，注意调整休息便可恢复；如有11项至20项打“√”，则属于严重紧张型，就有必要去看医生了；倘若在21项以上，那么就会出现适应障碍问题。

1. 经常患感冒，且不易治愈。 ( )
2. 常有手脚发冷的情形。 ( )
3. 手掌和腋下常出汗。 ( )
4. 突然出现呼吸困难的苦闷窒息感。 ( )
5. 时有心脏悸动现象。 ( )
6. 有胸痛情况发生。 ( )
7. 有头重感或头脑不清醒的昏沉感。 ( )
8. 眼睛很容易疲劳。 ( )
9. 有鼻塞现象。 ( )
10. 有头晕眼花的情形发生。 ( )
11. 站立时有发晕的情形。 ( )
12. 有耳鸣的现象。 ( )
13. 口腔内有破裂或溃烂情形发生。 ( )
14. 经常喉痛。 ( )
15. 舌头上出现白苔。 ( )
16. 面对自己喜欢吃的东西，却毫无食欲。 ( )
17. 常觉得吃下的东西像沉积在胃里。 ( )
18. 有腹部发胀、疼痛感觉，而且常下痢、便秘。 ( )
19. 肩部很容易坚硬酸痛。 ( )
20. 背部和腰经常疼痛。 ( )
21. 疲劳感不易解除。 ( )
22. 有体重减轻的现象。 ( )
23. 稍微做一点事就马上感到很疲劳。 ( )
24. 早上经常有起不来的倦怠感。 ( )
25. 不能集中精力专心做事。 ( )
26. 睡眠不好。 ( )
27. 睡觉时经常做梦。 ( )
28. 在深夜突然醒来后不易继续再睡着。 ( )
29. 与人交际应酬变得很不起劲。 ( )
30. 稍有一点不顺心就会生气，而且时有不安的情形发生。 ( )

8.2.3 职场压力应对

随着社会的发展，职场的压力越来越大，人们为了事业、为了生活，不得不去面对这些压力，下面为大家推荐一些职场减压术。

一、正确评估自己

不要遇到一点挫折，情绪就一落千丈；也不要稍有成绩，就忘乎所以。人有时候需要非常平和的心态，心静了，目标才能更明确，才能更好地前进。

二、少些感情用事

人的恼怒有80%是自己造成的。性格偏激的人容易产生过多有害的应激状态，有的人对鸡毛蒜皮的小事也极为敏感，甚至发火动怒，把事情弄得不可收拾，于人于己均告不利。因此，人要学会超脱，学会理解，学会从情绪危机中突围出去。

三、多点人际交往

不要压抑自己，多与别人沟通交流，朋友同事之间彼此诉说内心体验，共同表达喜怒哀乐，会引起感情上的共鸣，能很好地释放压力。

四、学会适应环境

俗话说，入乡随俗。要培养自己的社会适应能力，在不同的环境中要学会不同的生活方式，不要与周围的人格格不入，否则自己会给自己增加很多无形的烦恼，自己把自己束缚住。

五、要知不足，也要知足常乐

对知识的追求要永不满足，以使自己的生活充实和美好。但对物质生活享受的许多方面则应知足，看看我们周围的世界五彩缤纷，如果太爱攀比，心理会失去平衡。要与自己的过去对比，就会发现现在的生活已经好多了。

学会在生活和工作上减压，不仅能给我们带来事业上的发展，还能找回快乐的心态！

案例分析

学生离开学校步入职场，首先要解决的是如何适应环境，如何职业化，从无意识职业人成为有意识职业人，不能只关注眼前的一份薪资，而要注重长远的发展。

“想着每天要去上班，我的双腿就像灌了铅一样，提不起来！”毕业不久的小黄向心理医生诉苦说。工作一个月后，不少高校毕业生领到了正式工作后的第一笔薪水，但薪情看跌、生存压力增大导致焦虑等心理问题频袭职场新人。工作仅一个月，不少职场新人就患上了“厌班症”。

还贷噩梦哭醒梦中人

晚上，小陈再一次从梦中惊醒。梦里面，银行工作人员告诉她，由于三个月连续贷款未还，房子收回做抵押，尽管她努力叫喊，工作人员和房子仍旧越行越远。醒来后摸摸枕头，又是一片湿。“类似的梦在这个礼拜已经做过四次了。”小陈红肿着眼睛说道。

上个礼拜四，小陈领到了她大学毕业参加工作后的第一笔收入，看着父母布满皱纹的脸颊，小陈甚至不知道该如何将自己的工资数额告诉他们。因为父母一直在供她读书，20 年来没有换过房子，想着女儿已经开始赚钱了，父母终于咬咬牙按揭了一套商品房，每月还贷 2 500 元。

原本还对女儿的工资抱有幻想，二老决定 1 000 元由小陈支出。如此一来，小陈只能够继续在家吃父母。原以为毕业之后可以好好孝敬他们，却没有想到最终竟沦为“啃老族”。每天上班时，小陈都是浑浑噩噩度日。

千元月薪引发内外夹击

“虽然有一定的心理预期，但没想到这么少。”一说起第一笔薪水，小罗感慨良多。名牌大学研究生毕业的他，现在某单位工作，月薪税后 6 000 元。除去租房、每月伙食费、必要的日常开外，所剩无几。

“尤其碰到女朋友生日、七夕，就觉得底气不足，能省则省，同学聚会更是基本无缘，想起来就心寒。”近来，由于过度焦虑，小罗一直食欲不振，晚上经常睡不着。每天上班干活，想到自己入不敷出的收入，整天垂头丧气，不愿与外界接触，话也少了。

对小罗而言，最痛苦的还是父母的不理解。“我妈每月要我上交 3 000 元，我该怎么活啊！”小罗向同事诉苦说。父母总不相信研究生毕业只挣这么点钱，硬说他谎报工资。小罗费尽口舌解释，父母最后扔下一句话：“工资这么少，干脆不要做了！”于是，家庭战争每日上演。

小罗每次回家，都要鼓足十万分的勇气，才敢迈进家门。因为他知道，迎接他的肯定是父母机关枪似的唠叨：“人家的孩子学校没你好，工资比你高得多，你干脆不要干了！”

专家支招：面对压力调整心态

职场新人如何缓解生存压力，某大学心理咨询师认为，以上两个案例中的主人公均有抑郁症的倾向。因此，她建议职场新人面对生存压力，一定得换一个角度思考问题，以积极的心态面对现实，经常给自己做一些积极的心理暗示。例如，“自己能在大城市立足，已经很了不起了！”“比起找不到工作的人，我已经好很多了！”

否则，负面情绪增多，最终会引发抑郁。只有拥有乐观的心态，才能争取获得更多加薪晋级的机会。

分析：学生离开学校，步入职场，首先要解决的是如何适应环境，如何职业化，从无意识职业人成为有意识职业人，不能只关注眼前的一份薪资，而要注重长远的发展。

8.3 职场情绪

谈到职场情绪的问题，我们先来看看大卫的例子。大卫是部门主管，上班路上和别人发生争执，感觉很窝火。黑着脸来到办公室，一上午都用不耐烦的口气对下属说话。下面看看下属怎么理解他的情绪：

A 下属：自己没本事，却把烦恼发泄到我们身上，别搭理他！

B 下属：他自己发神经，也不让我们舒服，没准是上次我给他提意见，他趁机报复呢！

C 下属：总要提醒我们他主管的地位，真把我们当他的“跑腿”了，想怎么样就怎么样！

D 下属：没准他女友移情别恋了，他刚被抛弃。理解一下吧！

E 下属：估计要被老板炒鱿鱼了，看看我是不是有希望晋级。

大卫的表现被下属这样四分五裂地诠释，小团队的状况就可想而知了。情绪表达的重要性可见一斑。当然，即使快乐的情绪，周围也会有不同的看法，但总比消极的情绪要容易理解得多。

不同的人喜欢用不同的方式表达情绪，或直白，或委婉。这说明每个情绪系统的功能有所差异，有些非常灵活，有些相对僵化。往往带给我们麻烦的正是这些僵化的情绪系统。

8.3.1 我的情绪是哪些

我现在是什么情绪？只有当我们认清自己的情绪，尊重自己的感受，才有机会控制情绪，也才能为自己的情绪负责，而不会被情绪左右。

拓展训练

测试：看看你的情绪系统是不是该上油了！

你是否常常有下面的想法？如有，请在括号中打“√”。

1. 我不会掩饰自己的情绪，喜怒都表现在脸上，这代表我很真实、很单纯。（　）
2. 我要保持威严的外表，这样下属会更努力地工作，别人不敢轻易算计我。（　）
3. 没有人能猜透我的情绪，这样在职场上会非常安全。（　）
4. 即使很生气我也装作没事，不能破坏人际关系，这对我很重要。（　）
5. 我总是控制不住自己的情绪，每次发完脾气都后悔。（　）
6. 要以德报怨。我相信对别人好一定能换回别人的理解。（　）
7. 我想怎样就怎样，这是我的权利和自由。（　）
8. 我无论如何要表现得开心一些，让别人无懈可击。（　）

有些朋友已经分不清自己的真实感受了，那就说明他的情绪系统已经失控很久了。所以这个练习需要长时间的训练，才能够对自己的情绪敏感。认识情绪是认识自我的重要途径。

8.3.2 为什么我产生这样的情绪

我为什么会有这种感觉呢？它是当下的体验还是历史遗留的情绪？找出引发情绪的原因，我们才好实施策略。

要区分过去与现在的感受，更加需要对内心世界有敏锐的洞察力，有时甚至需要借助心理咨询师的专业知识，帮助你清除过去的心理垃圾，而不被潜意识的冲突所左右。

案例分析

情绪与团队

由 ABCD 几个人组成的团队，各自拿出项目方案讨论。因为工作之外的一些个人原因，A 对于 D 的方案提出了比较多的挑剔和意见，于是 D 产生了抵触情绪。双方从工作牵扯到其他，指桑骂槐，最后项目没有做成，双方也不欢而散。在以后的项目当中，再谈合作基本上不可能了。

分析： 情绪的爆发往往是冰冻三尺非一日之寒，最后点燃情绪的只是一个导火索。当产生的情绪影响到理性思考的时候，暂时隔离那个环境或者停顿一下，冷静下来，尽可能回到事情本身上去，尽量对事不对人，结果也许会不同。不要为了发泄情绪而发泄。对待别人发泄的情绪，要看到对方发泄的原因，化解它，而不要硬碰硬地对着干。还要提醒一点，情绪上来的时候，容易把话说死，伤害别人，一旦发生这些情况，情绪过去之后，及时自省，及时做出适当的表示和弥补，这并不是示弱，反而是高姿态的展示。

亚里士多德说："任何人都会生气，这没什么难的，但要能适时适所，以适当方式对适当的对象恰如其分地生气，可就难上加难。"据此，情绪管理指的是要适时适所，对适当对象恰如其分表达情绪。会生气，不迁怒，把感性和理性的成分协调好，避免在工作中出现由于个人情绪情感而影响工作。

8.3.3　职场情绪管理三原则

情绪管理的基本法则是用适当的方式在适当的场合表达适当的情绪。这不仅关系到你能否在职场游刃有余，还关系到你的身心健康以及幸福感。以下原则可以作参考。

一、就事论事原则

遵循就事论事原则，一边不要肆意发泄，另一边不能偃旗息鼓。就好比多大的石头就激起多大的浪花，你的情绪表现与所发生的事情匹配，那么大多数人就能够理解和接受，不会节外生枝。而不符合当下情境的情绪反应，无论是过分还是不足，都会引起周围人的好奇，甚至多心。那牵扯出来的麻烦会引起你新一轮的情绪反应。

能够就事论事，也说明你可以把现在和过去区分开来，你是理性和成熟的，而非情绪化和神经质的。

二、真实原则

虚假的情绪表演是败笔！不压抑自己的情绪，对你的健康非常有好处。那些被压抑的情绪，不会随着表面的消失就无影无踪了，反而会隐藏到潜意识中，一旦积累到一定的量，便无法控制地爆发出来。有些负面情绪还能引起身体上的疾病，比如我们知道忍气吞声的人易患癌症。

真实表达自己还有助于让别人了解你的感受，使问题更快得到解决。真实让你变得有血有肉，充满活力，别人会更愿意接近你。

三、灵活原则

情绪的表达仅有真实是不够的，还需要根据场合和需要灵活地去表达。比如大家在一起吃饭，你正在患胃炎，那么你可以表达自己不舒服，但最好别说你想呕吐。或者遇到公司裁员，你是被留下的幸运儿，你可以把狂喜的心情和家人分享，但必须要照顾被解雇的同事的情绪。

一般来说，越成熟的系统越灵活，它代表着你对自己的情绪表达有着创造性的控制权，不会被情境所左右。

有了基本原则，就开始要学习接管我们的情绪系统了。当然，多年的习惯可不是一天两天就能改变的。改变的关键，除了要有改变的意愿外，还要学会对情绪有细致入微的觉察。知道你现在怎么了，然后找到你该怎么办的方法。

案例分析

何时该拒绝

小文新转到推广部，执行公司客服拉来的任务。一个老客服欺生，不仅一股脑儿交给他一堆任务，甚至一些自己分内的工作也让小文来做。几个月下来，小文疲于应付，在巨大的压力下慢慢变得急躁易怒，并屡屡产生辞职的念头。一次，对部门领导抱怨后，才了解到很多任务的时限是可以商量的，不是自己责任范围内的事也完全可以不接受。领导帮小文和客服区分好每项任务的具体责任和执行时间，之后小文的工作变得轻松了，与客服的沟通也趋于正常。

工作中，我们很多时候都会产生情绪，有时候能借由理智压住，有时候却需要及时地宣泄和处理。情绪的表露有利有弊。向同事一股脑地表达负性情绪，或者完全沉溺因他人不公对待所带来的情绪中，会让人觉得不专业、不成熟，但是一直忍耐，也会错失向对方表明自身立场的机会。“对不起，我不允许你这样对待我”是自己可以把握的关系“边界”主动权。

分析：情绪体验过于平淡，生命将枯燥无味；而情绪太极端化，又会变成一种症状。了无兴趣、过度焦虑、怒不可遏、坐立不安都会使人不适。“适时适所表达情绪”，意味着一旦非常气愤时，也不要过度压抑，而应该以较不伤人的方式适度表达内心的感受。控制自己的情绪，这并不是情感压抑，而是避免任何过度的情绪反应。感受到愤怒后冷却一段时间，使心情平静下来后，再采取较为建设性的方法理性解决问题。

8.4 职场心态调整方法

职场中，迈出的每一步都是未来的铺垫。在巨大的职业压力下，调整自己的职场心态，从容面对一切，你才能一步一步登上事业的巅峰。下面就为大家介绍职场心态调整的九种方法。

一、自我调整

法国作家维克多·雨果（Victor Hugo）曾说过：“思想可以使天堂变成地狱，也可以使地狱变成天堂。”你不能样样顺利，但可以事事尽心；你不能左右天气，但可以改变心情；你不能选择容貌，但可以展现笑容；你不能预知明天，但你可以用好今天；你不能改变别人，你只能改变自己。所有这些的关键就是积极主动地调整自己的心态。

因此，遇到危机时我们要看到危机后面的转机；遇到压力时要看到压力后面的动力；遇到挫折时要看到挫折后面的成长；遇到成功时要看到成功后面的失败。总之，任何事情都有两个以上的选择，我们要做的是选择积极的应对心态。有专家研究表明，一个乐观系数高的人在处理问题时，会比一般人多出20%的机会得到满意的结果。因此，正向乐观的态度不仅会平息由环境压力带来的紊乱情绪，也较能使问题导向积极正面的结果。

二、精神超越

戴尔·卡耐基（Dale Camegie）说：“我非常相信，这是获得心理平静的最大秘密之一——要有正确的价值观念。我也相信，只要我们能定出一种个人的标准来——就是和我们的生活比起来，什么样的事情才值得的标准，我们的忧虑有50%可以立刻消除。”人为什么会产生痛苦、不安、犹豫和彷徨？归根到底是因为不清楚自己到底要什么，也就是说，自己没有清晰的价值观和人生定位。

所以，心态调整的第一步就是要彻底弄清自己的真正需要。我是一个什么样的人？我想做一个什么样的人？我的人生目标是什么？什么才是我的最爱？什么才是我最珍视的东西？什么才是我真正追求的东西？我如何定义成功、快乐和幸福？这些问题问清楚了，给自己一个确定不疑的答案，给自己一个生活与工作的理由，每当遇到疑难问题就用这些标准去解释、去衡量，我们自然就会心安理得，自然就会找到生命的阳光和快乐的源泉。

三、提升能力

既然压力和郁闷的来源是自身对事物的不熟悉、不确定感，或是对于目标的达成感到力不从心，或是担心自己被淘汰，那么，缓解压力和减少不安的最直接有效的方法便是去了解状况，并且设法提升自身的能力。通过读书、读人、读事，通过自学、参加培训等途径，提升自己的职业能力和职业竞争力，一旦“会了”“熟了”“清楚了”，能力也就会提高了，你的自信心自然会增强，成就感自然会增加，你的快乐与阳光指数自然会上升。

四、理性反思

理性反思就是积极进行自我对话和反省。对于一个积极进取的人而言，面对压力和不良情绪时可以自问：“如果没做成又如何?”“如果真的像别人说的那样又如何?”“我真的是一个粗心的人吗?”“我真的是责任心不强吗?”等等。这样的想法并非找借口，而是一种有效缓解压力的方式，并且在不断的自我追问中，我们会找到问题的真正症结所在。

同时，养成记心情日记也是一种简单有效的理性反思方法。它可以帮助你确定是什么刺激引起了压力和心情不好，通过检查你的日记，你可以发现你是怎么应对压力的，结果怎么样，又该如何应对外界环境对自己的影响，如何塑造自己的阳光心态。

五、建立平衡

首先，我们的人生目标体系不能太单一，也不应该单一。我们不能一辈子活着只为了工作、事业、金钱、权力、名誉，我们还有更多的比这些更重要的东西，比如：健康、家庭、孩子、兴趣、学习、朋友、服务他人、精神愉悦等。我们不能成为世俗成功标准的奴隶。其次，我们要主动管理自己的情绪，注重业余生活，不要把工作上的压力和不良的情绪带回家。再次，留出休整的空间，与他人共享时光，交谈、倾诉、阅读、冥想、听音乐、处理家务、参与体力劳动等都是获得内心安宁的绝好方式，选择适宜的运动，锻炼忍耐力、灵敏度或体力……持之以恒地交替应用你喜爱的方式并建立理性的习惯，逐渐体会它对你身心的好处。

六、管理时间

现代职场人士时间总是不够用，原因在于没有养成好的管理时间的习惯，而且误认为忙就是效率，甚至以“工作狂”为荣。时间管理的关键是不要让你的安排左右你，要自己安排你的事。在安排时间时，应权衡各种事情的优先顺序，要学会“弹钢琴”。对工作要有前瞻能力，把重要但不一定紧急的事放到首位，比如制订计划、学习、锻炼身体、授权等，运用 PDCA 循环的方法管理自己，管理工作，防患于未然。如果总是忙于救火，那将使我们的工作永远处于被动之中，我们自然不会常有快乐的心情。

七、加强沟通

平时要积极改善人际关系，特别是要加强与上级、同事及下属的沟通，注意与配偶、孩子、父母的情感交流。在压力过大或情绪不佳时，要坦诚地寻求上级、同事、朋友或家人的协助，不要试图一个人把所有的压力与痛苦都承担下来。要筹建自己心情的蓄水池和支持系统，成功时有人分享，挫折时有人倾诉。

八、保持健康的身心

健康的身心是我们塑造阳光心态的基础。学会放松肌肉、做深呼吸，加强锻炼，保证充足完整的睡眠，保证营养，等等，这些都应该纳入我们平时的工作与生活的计划之中。保持身体健康，有足够的精力和耐力，可帮助你抵抗压力与消极情绪的侵袭。

九、把握今天

压力与消极情绪的产生都有一个相同的特质，突出表现在对明天和将来的焦虑和担心。而要应对压力，减少消极不安情绪，我们首先要做的事情不是去观望遥远的将来，而是去做身边力所能及的小事，因为为明日做好准备的最佳办法就是集中你所有的智慧和热忱，把今天的工作做得尽善尽美。“昨天是一张作废的支票，明天是一张期票，只有今天才是现金，要善加利用。”

【思考题】

1. 说说你平时遇到的让你感到压力很大的事情，你是如何缓解压力的？
2. 当你愤怒、失望、委屈的时候，你是如何排解这些负面情绪的？